CONSIDERA A LAS MUJERES

HABLAN DE DEBBIE BLUE Y "CONSIDERA A LAS MUJERES"

"Cada vez que leo un libro de Debbie Blue, aprendo algo. Aquí, las mujeres de la Biblia cobran vida, e incluso historias que pensaba que conocía se volvieron frescas y peligrosas. Amo el sentido del humor de Blue, su investigación profunda y por sobre todo su empatía por estos personajes bíblicos"

—JANA RIESS, autora de *Flunking Sainthood* y *The Twible*

"Considera a las mujeres es en parte un recordatorio juguetón de todas las historias que hemos olvidado y otra parte una desaprobación frustrante de donde terminamos. Blue ahonda profundamente en las mujeres que no pudieron ser reguladas, que no se mantuvieron en el fondo, que perseveraron. Es una lectura alentadora en una era de amenaza física y espiritual ¿Qué tal si, aunque sea por un momento, consideramos a las mujeres?"

—ALICE CONNOR, autora de *Fierce*

"Con su particular ingenio, excentricidad y curiosidad, Blue imagina vívidamente a estas antiguas matriarcas, bajo una luz nueva y matizada. Bellamente escrito y meticulosamente investigado, Considera a las mujeres *es simplemente el libro que necesitamos en un mundo bañado en desconsideración y misoginia"*

—KATHERINE WILLIS PERSHEY, autora de *Very Married*

Debbie Blue

CONSIDERA A LAS MUJERES

Una Guía *Provocativa* sobre
Tres Matriarcas de la *Biblia*

JUANUNO1
EDICIONES

CONSIDERA A LAS MUJERES
Una Guía Provocativa sobre Tres Matriarcas de la Biblia
de Debbie Blue. 2020, JUANUNO1 Ediciones.

Título de la publicación original: "Consider the Women"
This translation published by arrangement with WILLIAM B. EERDMANS PUBLISHING COMPANY.
Esta traducción es publicada por acuerdo con WILLIAM B. EERDMANS PUBLISHING COMPANY.

ALL RIGHTS RESERVED. | TODOS LOS DERECHOS RESERVADOS.
Published in the United States by JUANUNO1 Ediciones,
an imprint of the JuanUno1 Publishing House, LLC.
Publicado en los Estados Unidos por JUANUNO1 Ediciones,
un sello editorial de JuanUno1 Publishing House, LLC.
www.juanuno1.com

JUANUNO1 EDICIONES, logos and its open books colophon, are registered
trademarks of JuanUno1 Publishing House, LLC. | JUANUNO1 EDICIONES, los
logotipos y las terminaciones de los libros, son marcas registradas de JuanUno1
Publishing House, LLC.

Library of Congress Cataloging-in-Publication Data
Name: Blue, Debbie, author.
Considera a Las Mujeres : una guía provocativa sobre tres matriarcas de la biblia /
Debbie Blue.
Published: Hialeah : JUANUNO1 Ediciones, 2020
Identifiers: LCCN 2020933461
LC record available at https://lccn.loc.gov/2020933461

REL006080 RELIGION / Biblical Criticism & Interpretation / General
REL006110 RELIGION / Biblical Meditations / General
REL017000 RELIGION / Comparative Religion

Paperback ISBN 978-1-951539-26-9
Ebook ISBN 978-1-951539-27-6

Traducción: Ian Bilucich
Corrector/Editor: Tomás Jara
Diagramación interior: María Gabriela Centurión
Portada: ZONA21.net
Director de Publicaciones: Hernán Dalbes

First Edition | Primera Edición
Hialeah, FL. USA.
-2020-

Contenido

PARTE TRES: ESTER

PARTE CUATRO: MARIA

Introducción
Morimos y vivimos por historias

Las historias migraron en secreto. No sería honesto asumir que lo que creemos hoy (sea lo que sea) es solo sentido común o lo que siempre supimos. Suponer eso es también una forma de olvidar el poder de una historia y de un narrador, el poder en las márgenes y el potencial para el cambio.

—Rebecca Solnit, *Hope in the Dark: Untold Histories, Wild Possibilities*[1]

Me gusta leer historias viejas (tantas como sea posible): mitos egipcios antiguos acerca de una diosa-madre-buitre, leyendas iroquesas, la historia coreana sobre un niño recién nacido, hijo de un hada y un árbol de laurel, que se abre paso a través de una inundación, salvando hormigas y mosquitos en su camino. O la historia maya sobre el dios del maíz que resucitó del caparazón de una tortuga, asistido por enanos. Encuentro un despliegue fascinante y expansivo de viejas historias iluminadoras, hermosas y problemáticas a través de todas las culturas.

---

1 Puede traducirse como *Esperanza en la oscuridad: Historias no contadas, posibilidades salvajes*

Viejas historias bíblicas

Pero las historias que poseen un lugar formativo único en mi vida son las historias bíblicas. Las he escuchado desde el día uno (probablemente desde que estaba en el vientre). En algunos momentos de mi vida esto me amargaba. ¿Qué podría ser menos sofisticado o más mundano que crecer como bautista en Indiana? ¿Qué si hubiese sido criada por intelectuales franceses o ancianos navajos?

En esta etapa tardía de mi vida, me sorprende ver que pasé la mayor parte de mis días —no estoy bromeando: horas y horas— inmersa en estas mismas viejas historias de la Biblia. Te aseguro que no se trata de lealtad ciega, sino que tiene algo que ver con el hecho de ser ministra (así que es mi trabajo), pero también sucede que estas historias parecen tener una capacidad inagotable para revelar destellos de Dios, de qué es ser humano; cosas que quizás deberíamos mantener ocultas y qué está debajo de la superficie de cada día. Estoy agradecida por estas historias que persisten en desconcertarme y nutrirme.

Pero creo que las Escrituras pierden algo de su capacidad de revelación si no entramos en ellas honestamente como mujeres agotadas del patriarcado o como personas que han visto tanta injusticia que nunca dejarán de cuestionar a la autoridad. La Biblia pierde algo de su capacidad de revelación si no le traemos nuestras preguntas. La Biblia invita —casi demanda— nuestras preguntas.

… Estas historias parecen tener una capacidad inagotable para revelar destellos de Dios, de qué es ser humano; cosas que quizás deberíamos mantener ocultas…

En algunas ocasiones tal vez tengas que tomar una horqueta para aflojar el suelo. Nada crece en la tierra compactada y sólida. Además, usar una horqueta puede sentirse catártico. Ha sido de una enorme influencia a largo de las culturas por todo el mundo. Las historias de la Biblia son narrativas fundadoras para mucha gente en las religiones judía y cristiana, como también lo son para el Islam. Ciertas lecturas han producido teología terrible, violentamente divisiva (propia de la supremacía blanca misógina, antisemita, islamófoba, homofóbica). Algunas lecturas han levantado ideas sobre el excepcionalismo humano que han contribuido a la desaparición del planeta. Si quieres atacar a la Biblia con una horqueta, pienso que el Amante Misericordioso de la Creación estaría de acuerdo con ello.

Nuevas historias

Sé que no soy la única que se siente un poco desesperanzada acerca del estado del mundo. El otro día tuve que salirme del camino interestatal porque una lluvia torrencial estaba causando inundaciones menores. No fue un gran problema, pero en el momento me sentí furiosa. O sea ¿en serio? ¿No puede pasar ni media hora sin que algo pase para recordarnos que estamos condenados? El clima violento, hombres violentos, Charlottesville, Corea del Norte, Houston, calor, inundaciones y fuegos sin precedentes, inundaciones en el camino.

Últimamente estuve manteniendo la radio apagada cuando manejo para tratar de darme espacio para respirar y estar presente en lo que está frente de mí; pero, mientras esperaba que la lluvia se calmara, estaba agradecida de haberla encendido. Krista Tippet entrevistaba a la autora Rebecca Solnit. A veces necesitas oír a alguien más inteligente, con "un compromiso robusto con la esperanza" cuando la tuya está titubeando.

Rebecca le decía a Krista que ella piensa que las personas en esta cultura "parecen amar más a la certeza que a la esperanza" y que lo que necesitamos hacer es dejar ir a la certeza. El futuro es oscuro porque es desconocido. Pero "hay una sensación de posibilidad en lo desconocido", no una fatalidad inevitable. "El amor se hace en la oscuridad". Si no conoces el trabajo de Solnit, ella no es para nada una falsa optimista. Pero cree —ha visto, dice— que, tras Katrina y otras crisis, el desastre nos puede mover hacia un lugar de "no separación, compasión, compromiso, coraje… y generosidad". En lugar de desmoronarnos, afirma, podríamos caer juntos.

Como había estado leyendo y escribiendo sobre historias, estuve especialmente alerta a lo que ella decía. "Necesitamos pensar acerca de las historias que contamos y sus consecuencias. Las personas viven y mueren por historias". Necesitamos más historias, mejores historias, más complejas. Necesitamos preguntarnos si hay mejores formas de contar nuestras viejas historias y si hay historias acerca de "aquellos jugadores que no están en el centro de la atención" que contamos mal.

Empecé garabateando notas en un recibo de cambio de aceite, así que podría incorporar sus palabras en esta introducción. Este libro se trata de involucrarnos con las viejas historias en formas nuevas, haciéndoles preguntas, buscando esperanza. Si las historias bíblicas están contribuyendo en la destrucción y la crueldad, si no nos están ayudando, entonces mejor trabajemos en la forma en que las estamos leyendo y contando.

Uno de los bellos aspectos de tener un canon es que puedes mirar atrás y ver una matriz interminable de interpretaciones desenvolviéndose durante cientos —incluso miles— de años. Las historias son contadas y recontadas, estiradas y excavadas. Son leídas de diferente forma según la época, generando sin cesar nuevos significados y nueva vida para las personas en los tiempos y lugares donde viven.

No siempre disfruto el modo en el que los padres de la iglesia interpretaron la Biblia. Ellos tuvieron muchos problemas con el sexo, las mujeres y el pueblo judío. Jerónimo dijo: "Las intimidades de la Mesopotamia murieron en la tierra del Evangelio", como si esto fuese algo para celebrar. Él pensó que era bueno dejar atrás relaciones humanas desordenadas, "carnales", mientras que a mí me gustan bastante. La forma en que Jerónimo, Tertuliano y el Papa Gregorio realizaron su Gran lectura de la Biblia tuvo un efecto duradero en la forma en que la fe cristiana se desarrolló,

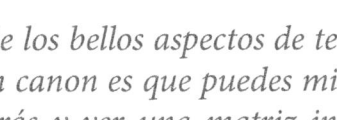

Uno de los bellos aspectos de tener un canon es que puedes mirar atrás y ver una matriz interminable de interpretación desenvolviéndose durante cientos, incluso miles, de años

pero, claramente (y también afortunadamente), el proceso de interpretación no se detuvo con ellos.

Como predicadora, me entusiasma cuando un pasaje de las Escrituras que incluye "las intimidades de la Mesopotamia" termina quedando en el leccionario. Me gusta predicar especialmente sobre los pasajes que incluyen mujeres. Esto no sucede tan a menudo como quisiera. Después de la elección presidencial estadounidense de 2016, mi iglesia, House of Mercy,[2] decidió crear un leccionario alternativo. Cada semana predicamos sobre los textos que incluyen mujeres: algunas familiares y otras que antes no aparecían en el leccionario: María, Miriam, las hijas de Zelofehad, la señora de Potifar, la hija de Jefté, Judit, y la prostituta de Babilonia, entre otras.

Lo hicimos porque "las personas viven y mueren por las historias", y sentimos un sentido de urgencia por encontrar las alternativas, las que pudieran ayudar a subvertir a las dominantes. El mundo de las Escrituras (y mucho de la historia de la iglesia y la cultura, la política y medios de comunicación, teología y filosofía liberales y conservadoras) ofrecen una narrativa mayormente masculina. Necesitamos traer, prestar atención, leer y releer las historias de las mujeres en la Biblia (y más allá) porque el *statu*

13

---

2 Casa de la Misericordia

quo no está funcionando muy bien para la mayoría de las personas en la tierra (personas en las bajas naciones isleñas; los nativos americanos habitantes de la reserva Standing Rock; los bengalíes; los refugiados sirios, mujeres, hombres y niños negros y marrones en los Estados Unidos de la Supremacía Blanca). El *statu quo* no está funcionando para la tierra en sí misma. Todo el arco de las narrativas bíblicas nos llama a cuestionar los sistemas de poder existentes y nos da historias para ayudarnos a hacerlo. Sí, la narrativa dominante en la Biblia es la masculina, pero hay muchas otras historias para contar.

Las narrativas masculinas no son todas las mismas, obviamente; debemos empezar a sumergirnos en que aquello que ha sido considerado características masculinas y femeninas no son rasgos biológicamente determinados, sino modos particulares de ser que gran parte de la cultura ha definido, siendo lo masculino aquello que posee privilegio sobre otras formas de ser. Ahora podemos ver que algunas de estas definiciones no son buenas para el mundo.

Las ideas sobre la masculinidad están siendo redefinidas lentamente, pero muchos hombres de la edad de mi padre aprendieron que ser hombres significaba que la ira era la única emoción aceptable para mostrar. Presumir los músculos y de una especie de masculinidad violenta que ridiculiza la gentileza y alienta demostraciones insensibles de poder, eran la forma en que probabas tu virilidad. De acuerdo con esta definición estrecha de la masculinidad, un hombre demuestra su amor a través de la posesividad, rivalidad, dominación y agresión más que a través de la ternura.

Puede parecer que estoy siendo demasiado dramática, pero necesitamos repensar los modos de ser que privilegiamos en el pasado si queremos que continúe la vida en el planeta. Si nos sentimos bien con una vida donde solo el uno por ciento puede costear el lujo de la atención médica y las cápsulas de refugios antiaéreos a medida (o lo que sea que los ultrarricos estén preparando para el apocalipsis) para sobrevivir. Si nos sentimos bien sirviendo las agendas de los superricos que aumentan sus fortunas gracias al desastre climático y la guerra perpetua, entonces podemos posar nuestros ojos en la narrativa dominante. De lo contrario, deberíamos buscar alternativas.

No entiendo la física cuántica, pero sé que la fuerza débil es una de las cuatro interacciones conocidas de la naturaleza, junto con fuerzas más fuertes como el electromagnetismo y la gravedad. Jesús parece poner siempre a lo débil primero: los pobres, los enfermos y los mansos. Confío en este aproximamiento. Si valoras solo lo fuerte, entonces no valoras lo débil. Conozco mucha gente, hombres y mujeres, que temen a la revelación de su vulnerabilidad más que casi otra cosa. Esa es una narrativa que necesita ser transformada.

Esta primavera, en la graduación de mi hijo de la universidad, el orador de la Facultad, Uditi Sen, instó a los graduados a "soñar con el deshacer del mundo tal y como está". Eso es de lo que estoy hablando: nuevas historias, más historias, las viejas historias recontadas de nuevas formas. La oradora inicial, profesora de la Universidad de Princeton, Keeanga-Yamahtta Taylor, dijo: "El presidente de los Estados Unidos —el político más poderoso en el mundo— es un megalómano racista y sexista. No es una observación benigna, sino que para muchas personas de este país esto ha significado consecuencias trágicas". Posteriormente recibió tantas amenazas de muerte que canceló los discursos que tenía programados. También estoy hablando de eso.

El mundo se está hundiendo en divisiones profundas y violentas. Necesitamos encontrar historias que nos ayuden a cruzar las divisiones.

Historias de mujeres

Usualmente, las mujeres no son situadas al frente de las creencias abrahámicas, aunque están presentes en todas partes. He sido particularmente afectada por Agar, Ester y María (la madre Jesús): cómo cruzaron las líneas hechas por los hombres, sus historias, y cómo vivieron (dentro y fuera del libro).

Agar comienza en el clan hebreo de Abraham para luego convertirse en la matriarca del islam, y así la historia sigue. Ester no vive como una judía observante, pero salva a su pueblo de la destrucción. La historia cristiana oficial no existe sin María, pero también da a luz a muchísima imaginación heterodoxa. Su historia resuena con rastros de diosas de la fertilidad indígenas y antiguas deidades femeninas egipcias.

Estas son algunas mujeres salvajes y provocativas.

16

Y siguen viviendo fuera de la página a lo largo de los siglos, impactando y animando la cultura humana desde la Meca hasta Méjico y todo lugar entre ellos. Todo hombre y mujer musulmán que sea capaz física y financieramente tiene la obligación, por lo menos una vez en la vida, de seguir a Agar, volver sobre sus pasos durante el Hajj, la peregrinación islámica anual a la Meca. Cada año, las mujeres judías en Brooklyn, Tel Aviv y San Pablo —o donde sea que estén celebrando el Purim— se visten como Ester. María, la madre de Jesús, aparece bajo varios aspectos alrededor del mundo, inspirando devoción a través de barreras religiosas, de clase, género y raza.

Estas son algunas mujeres salvajes y provocativas.

Es reverenciada por musulmanes, cristianos y los completamente heterodoxos.

Esta clase de poder femenino nos puede ayudar a pensar más creativamente acerca de las intersecciones del islam, el judaísmo y el cristianismo, como también sobre nuevas formas de avanzar que incluyan sabiduría, fuerza y vulnerabilidad. Estas mujeres se mueven y viven en lugares y caminos que están un poco por fuera de los firmes fundamentos y de los límites estrictos de nuestras tradiciones divididas. Aunque muy a menudo nuestras creencias siguen la guía de la visión de los padres, las mujeres nos llevan a diferentes lugares. Estiran las líneas y dan a las religiones monoteístas una calidad más alborotadora.

Estuve pensando en Agar, Ester y María como una especie de trinidad *trans-fe*: *la (M)Otra*, [3] *la Vampira*, y *la Reina que cambia de forma*. O a veces es la *Matriarca a la par del Patriarca, la Diosa del Amor* y *la Mediadora*. No pretendo sugerir que sean como el Padre, el Hijo y el Espíritu Santo, pero me gusta invocar un triunvirato.

Seguir a Ester, Agar y María me llevó a: un centro comercial somalí donde recibí un tatuaje de henna, a una librería feminista musulmana; a un templo en Purim, donde conocí a un rabí vestido como Darth Vader en patines; a un festín en Guadalupe, donde unos bailarines aztecas con ropa sacudieron los cimientos de la iglesia en la celebración de Nuestra Señora. Encontré a muchas mujeres a lo largo del camino cuyas historias, preguntas y producción creativa me dieron esperanza: a una artista de Arabia Saudita, a una luterana convertida al islam, al fundador de un colectivo de arte y música indígena en San Pablo.

Nuestro concepto de Dios es inevitablemente estrecho; es condicionado por nuestra experiencia y los límites de nuestra tradición. Salir un poco nos ayuda (me da vergüenza admitir que conocer a Agar me llevó a algunas de mis primeras conversaciones teológicas con mujeres musulmanas, en las que aprendí cosas que no había escuchado antes).

Sigo regresando a una idea con la que di en un ensayo que

---

3 En el original: *(M) other.* Aquí la autora realiza un juego de palabras donde al agregar la letra *m* entre paréntesis delante de *other* (en español, *otra*) puede decir "otra" y "madre" al mismo tiempo.

escribió mi amiga Abby: "La verdad no se puede concluir y haríamos bien en reconocer que juntos podemos llegar a más verdad de la que cualquiera de nosotros podría hacer solo". Ni herética ni obvia, esta idea me parece una buena forma de proceder.

Hace mil setecientos años, Efrén el Sirio (que no es un crítico literario posmoderno exactamente) dijo: "Si solo hubiera un significado para las palabras de las Escrituras, el primer intérprete lo habría encontrado y todos los demás oyentes no tendrían ni el trabajo de buscar ni el placer de encontrar".

Hay mucho para encontrar, desde vastos territorios para explorar hasta contranarrativas para investigar. Dios anhela que nosotros participemos juntos en la transformación del mundo, pero claramente necesitamos encontrar nuevas rutas. Las mujeres —ignoradas y maltratadas en ocasiones, pero de seguro provocativas— han estado aquí todo el tiempo para ayudarnos.

Parte uno

Fe abrahámica

1 Irte de la casa de tus padres

Mudarse a lugares nuevos y desconocidos

Solo cuando se pierde la estabilidad, cuando las respuestas hechas ya no ofrecen apoyo, uno puede alcanzar un tipo diferente de firmeza. Tropezar y caer son los medios por los cuales se consigue pararse.

—Avivah Gottlieb Zornberg

Dios me hace deambular.

—Abraham

Abraham es un personaje extraño. Es considerado el Padre de la Fe, pero tan solo míralo. Trata de pasar a su esposa como su hermana. Dos veces. La manda a dormir con otro hombre (para salvarse a sí mismo). Deja a uno de sus hijos morir en el desierto. Casi mata al otro con sus propias manos. Cuando tenía noventa años tomó un cuchillo y se cortó el prepucio, diciendo que Dios le dijo que lo hiciera. Luego le hace lo mismo a su hijo de treinta años. Imaginen el trauma de Ismael: el viejo blandiendo un cuchillo en frente a su tierna carne. ¿Qué clase de fe empieza con un hombre tan loco?

Si miras un mapa que muestre las áreas de la tierra que adscriben a las creencias abrahámicas, descubrirás que la mayoría del mundo se define a sí mismo como perteneciente a una de ellas. La idea de que un grupo pueda afirmar ser el pueblo de Dios o que una persona pueda decir que es el hombre de Dios —privilegiado de saber la verdad y bendecido por sobre otros— tiene raíces en la historia de Abraham. Esta noción ha creado mucha violencia a lo largo de la historia. Si así lo quisieras, podrías culpar a Abraham por el 9-11, el conflicto israelí-palestino, por las guerras entre el protestantismo y el catolicismo, las Cruzadas, el imperialismo Occidental y las exterminaciones sistemáticas de las culturas, lenguas y religiones indígenas en todas las Américas.

Escuchamos acerca de la violencia ejercida en el nombre de la religión todo el tiempo. Cualesquiera que sean las verdades fuerzas subyacentes a la violencia —política, pobreza, colonialismo— mucho de ella ha sido generada por aquellos que afirman ser los verdaderos herederos de Abraham.

En el capítulo 12 de Génesis, Dios promete hacer grande el nombre de Abraham y agrega que a través de él todo el mundo iba a ser bendecido. Creo que depende de cómo lo mires.

Dios le dice a Abraham: "Sal de tu país, de tu parentela y de la casa de tu padre. Deja atrás todo lo que conoces". Dios ni siquiera especifica a dónde debería ir Abraham (tan solo a la tierra que Dios le iba a mostrar). Así que él deja lo que es firme y estable para ir a vivir en una tienda. Vagabundea con todas sus cosas arrastradas por un camello. ¿Hacia qué? Ni siquiera lo sabe.

Algunos comentarios rabínicos imaginaron a Abraham como un anciano que había perdido la cordura por vagar en el desierto. Se burlaban de las voces que acosaban su conciencia: "Mira ese viejo tonto y loco vagando sin rumbo por el mundo, luciendo como un demente". Si su progenie no se ha comportado bien entre ella, tal vez podríamos culpar a la inestabilidad de su padre.

Dios le pide Abraham que deje lo que conoce por lo que le mostrará, algo que no sabía todavía. Realmente, es mucho pedir. Dios dice "te daré fe; ahora sígueme, aunque no voy te voy decir exactamente a dónde voy y todavía no me conoces demasiado". Tal vez así es la fe.

Algunos expositores del Evangelio de la Prosperidad ven al pasaje de la promesa de Dios bendiciendo a Abraham, y dicen: "*Nómbralo, reclámalo*" (reclama la bendición). No estoy segura de lo que están pensando.

Abraham era viejo y no se afeitaba y tenía malos dientes, casi con seguridad. Su esposa era vieja y estéril, y alguna vez pudo haber sido bonita, pero probablemente no era la esposa bonita de un predicador de televisión. No se describirían como "felices" a sus hijos. En el relato bíblico, Isaac y Abraham nunca hablan sino hasta después de la escena en el Monte Moría. Si las bendiciones de Dios empiezan con la historia de Abraham, resulta ser una historia de bendición muy rara, complicada, de esas que parecen disparadas a través de mil fragmentos de todo tipo. *Bendición* es una palabra aún más rara para usar en lo que Abraham obtiene cuando empieza a tener fe.

> *Abraham era viejo y no se afeitaba y tenía malos dientes, casi con seguridad. Su esposa era vieja y estéril, y alguna vez pudo haber sido bonita, pero probablemente no era la esposa bonita de un predicador de televisión.*

Pero tal vez la fe es más cómo moverse que cómo quedarse (confiando en un Dios que no puede ser completamente comprendido por un sistema religioso). Tener fe es sumergirse en lo inconmensurable. Es, después de todo, tener esperanza en cosas invisibles, como lo expresa Pablo.

En el *midrashim*, los rabinos discuten extensamente por

qué fue elegido Abraham. Noé, por ejemplo, es relatado como un hombre perfectamente justo; pero el texto no dice nada acerca de alguna cualidad que pueda sugerir a Abraham para ser el padre de sus creencias (un trabajo que podría requerir algún tipo de cualidad especial). Avivah Zornberg, una estudiosa de *midrashim*, sugiere que es su disposición a vagar por lo desconocido lo que lo califica. Él deambula, dice ella, en el "espacio desperdiciado entre las claridades". Este es el tipo de lugar donde erupciona la gracia "habita el asombro radical".

¿Qué quiere decir reclamar la bendición de la fe abrahámica? Inestabilidad. Abandonar las estructuras seguras. Suspender lo que conoces en orden de descubrir lo que aún no conoces. Perderte. Tener algunas preguntas vastas y hambrientas de las que aún no conoces las respuestas. Esa es la energía que mueve a Abraham desde la idolatría de sus antepasados a la intimidad con Dios.

Dios promete que Abraham será productivo: "Te haré extremadamente fructífero". Sus descendientes sobrepasarán el número de las estrellas. Y aunque por algún tiempo parece dubitativo, él y las mujeres con las que vive realmente terminan concibiendo mucho. Piensa en toda la descendencia que han generado estos padres de la fe: Isaac e Ismael, David y Salomón, Josafat, Mahoma y Jesús, Rumi, Rabia, Rashi, Oscar Romero, los bautistas del Sur, Santa Teresa, Juana de Arco, Lutero y Barth, el papa, los monjes y los libertinos. Está un poco fuera de control (digo, todo este fruto es una bendición vasta y complicada).

Dios no le da obligaciones o reglas a Abraham ni un sistema particular que se supone que deba usar para crear una religión (eso viene luego). Sino que le dice que comience un viaje a una tierra que le va a mostrar. Hay una sensación de que la tierra es buena, pero es mucho más que simplemente el fluir de leche y miel. Hay extranjeros. Hay hambrunas. La tierra está llena de *otros*, esta es la tierra a donde lleva la fe. Reclama las bendiciones de la fe. Quizás es un poco incómodo, pero nunca aburrido. Tal vez para ser un verdadero heredero de Abraham tan solo necesitas estar dispuesto a emprender un viaje. No tienes que viajar muy lejos para descubrir las cosas que no sabes, como un fruto que nunca probaste o una palabra que nunca escuchaste.

En una escena interminable cerca del final de la historia de Abraham, él trata de comprar un terreno para enterrar a su esposa Sarah. Mientras está regateando con los dueños de la tierra, dice: "Solo soy un extranjero y un peregrino entre ustedes" (¡Todavía un peregrino! ¡Tiene como 175 años!). Él no se asienta hasta que es enterrado en esta pequeña porción de tierra que adquiere de un extranjero: el único pedacito de Tierra Prometida que realmente llega a poseer.

Pero el texto dice que Abraham murió viejo y contento, en una edad avanzada. ¿Cómo se llega a ser así, totalmente maduro y tierno, lleno de complejidad y dulzura? Tal vez vagando por algún tiempo en el espacio de desperdicio entre claridades, tal vez haciéndolo mucho. Las ramas de la familia de Abraham —judíos, cristianos, musulmanes (y en realidad también los baha'is, drusos y rastafaris)— han seguido caminos que, en su mayoría, han sido establecidos por hombres, pero ciertamente estaría en el espíritu de la fe abrahámica el dejar caminos bien delimitados, el peregrinar más allá de lo familiar, el pasar el tiempo deambulando entre las mujeres.

2 Monoteísmo alborotador
El rostro femenino de Dios

Pienso que vale la pena atender a esto: el mono *en mo-*
noteísmo *puede tener al menos dos sentidos. Uno de*
ellos es el restrictivo, celosamente higiénico, digamos,
porque Dios está en rivalidad con otros dioses y necesita
que todo se reduzca y sea más exacto, ya que el peligro
de idolatría está en todos lados. El otro no involucra ri-
validad con nada en absoluto, y está seriamente preo-
cupado en que no tengamos suficiente gozo, libertad y
felicidad a menos que seamos liberados de nuestro miedo
a la muerte y seamos capaces de atrevernos a participar
en la vida del Creador. Y mientras más signos recibamos
de ser amados, alentados y capacitados para pertenecer,
mejor. Es este aspecto bullicioso de Dios, cuyo monoteís-
mo es decididamente anti-higiénico, cuya unicidad no se
parece en nada a nuestros monismos, tratando de comu-
nicarnos que somos amados.

—Jameson Alison
"Living the Magnificat with Rossini and Mary"
["Viviendo el Magnificat con Rossini y Maria"]

Todos los días, cuando vengo a trabajar a mi oficina, que está arriba del garaje, miro el póster sobre mi escritorio. Dice: "El Monoteísmo sin contemplación es peligroso". Es una advertencia para una serie de charlas que James Alison, el sacerdote y teólogo católico, nos dio en House of Mercy. Hicimos que un artista realice un retrato de Alison donde se parece a James Bond. Incluimos un sitio web en la parte inferior, *peligrosidad.com*, que no existe (no al menos la última vez que chequeé). No puedo recordar en qué estábamos pensando. Fue hace tanto. Pero el póster tuvo un impacto duradero en mí. No porque Alison luciera tan apuesto, sino porque el monoteísmo sin contemplación *es* peligroso.

No es difícil tener en cuenta la violencia que ha provocado el monoteísmo. Los medios de comunicación están llenos de referencias al "extremismo islámico". La historia está plagada de terribles momentos de "extremismo Cristiano". Incluso la Biblia está llena de esta violencia: la conquista de Canaán, la destrucción provocada por los reyes; Josías "quitó" los templos de Baal y Asherah, y quemó los huesos de sus sacerdotes. Usualmente la violencia en la Biblia versa en purgar la tierra de la idolatría. Pero uno podría preguntarse si la idolatría está siendo destruida o está avanzando con toda esa pasión vengativa.

El género y el número fueron relativamente poco importantes en la concepción de la fe de Israel. Un Dios masculino no estaba por encima todos los otros. La Reina del Cielo, por ejemplo, probablemente era vista como la consorte de Yahveh. Oímos de ella en las objeciones de Jeremías. Probablemente era parte de lo que el pueblo de Israel había llegado a adorar. Puedes ver rastros del rostro femenino de Dios a lo largo del texto. Dios es imaginado como una madre oso, una madre águila, una mujer que da a luz, una madre lactante, una partera. *El Shaddai*, generalmente traducido como *Dios Todopoderoso*, puede también traducirse como *El de los Pechos*.

La amada madre, la compañía de mujeres dando a luz —algunas veces conocida como Asherah, la consorte de El, o la madre de todo lo viviente— fue popular entre las personas. Los arqueólogos no han encontrado evidencia del Éxodo, de la conquista de Josué ni de muchos otros eventos recordados en las Escrituras hebreas, pero han encontrado miles de pequeñas figuras de Asherah enterradas en la tierra —entre los escombros de cocinas, dormitorios, patios de juego y santuarios— en toda la Tierra Santa.

Las personas que escribieron y editaron los relatos acerca de la historia de Israel estaban esperando fortalecer un monoteísmo emergente. En parte, lo intentaron al deshacerse de la madre. Sigo imaginando (y admito que mi imaginación puede no ser precisa históricamente) al pueblo de Israel: ganaderos de ovejas rurales, pastores de cabras y madres con sus bebés que viven en el campo. Son preliterarios. Trabajan en sus granjas, atienden a sus ovejas y, a veces, oran al dios lluvia para que llueva. Cuando las mujeres están de parto, agarran sus figuritas femeninas. Tal vez tengan algunos santuarios pequeños en sus patios traseros donde efectúan una especie de piedad que siempre han practicado: queman incienso a "ídolos" —una especie de religión que casi todas las personas en todos lados practicaban—; están cómodas con varios dioses, dioses mixtos. Pero los reyes en Reyes son juzgados como buenos o malos de acuerdo con un criterio: ¿Apartaron a las personas de quemar incienso a los ídolos?

Una vez que Israel fue derrotado y exiliado a Babilonia —el enorme imperio de la época— los editores revisaron la historia para mostrar que a la mala suerte de la nación se debía a que el pueblo le había sido infiel a Yahveh. Fue porque la gente adoraba a otros dioses.

Claro que lo hicieron. El monoteísmo apenas se había establecido —a duras penas se había arraigado— antes del exilio. Estos editores pueden haber estado haciendo algo importante para ayudar a construir la fe de la comunidad en el exilio. Y es verdad, creo, que sufrimos cuando fallamos en confiar en Dios. La

Biblia hebrea retrata esta batalla existencial con belleza y gracia, pero también me parece justo decir, parada aquí en el siglo XXI, que podríamos habernos beneficiado más de algunos destellos del Dios que trabaja, el Dios partera, el Dios madre, el de los pechos.

No tomó mucho tiempo una vez que mi hija, Olivia, comenzó a escoger sus propios libros para nuestros estantes: los llenó con cada novela de ficción juvenil que incluyera mitología griega, nórdica o egipcia. Cuando se acostaba conmigo por la noche, era todo "Artemisa esto, Atenea lo otro". "¿Conocía yo a la Valquiria? ¿*Ella, la Elefanta*? ¿Isis?". A ella le gustaban las diosas, pero yo deseaba que hubiera más historias de nuestra tradición que pudieran satisfacer su anhelo por el rostro femenino de lo divino. Sé que están ahí en la Biblia. No creemos que Dios es macho, después de todo. Solo lleva un poco de trabajo destapar estas imágenes en el monoteísmo abrahámico, pues han sido cubiertas.

30

La cita en el poster de Alison ("El monoteísmo sin contemplación es peligroso") viene de un ensayo que escribió para un festival en celebración de Juliana de Norwich, en el que también dice: "El monoteísmo es una terrible idea, pero un descubrimiento maravilloso". Como idea, parece enfrentarnos con otras ideas, definiéndonos a nosotros y a nuestra gente como mejores por sobre otros.

Los libros 1 y 2 de Reyes describen a una reina malvada que debe ser vencida para que el pueblo de Dios sobreviva: Jezabel. Aunque los dioses que adora Jezabel (los dioses de las plantas y los árboles, como lo expresa la serie infantil de los Libros del Arca) parecen ser menos destructivos que nuestros dioses de capital e ideología, ella está envilecida intensamente y se encuentra con una muerte representada violenta y vívidamente. Es pisoteada por caballos y su cuerpo es devorado por perros, excepto (dice el texto) por "su cráneo, los pies, y las palmas de sus manos". En la brutal y escalofriante escena, la reina femenina con el poder del castillo que adora a deidades femeninas con poder en el templo se convierte en comida de perro.

No es de sorprender que haya tomado siglos empezar a recuperar algún imaginario femenino.

Aprendiendo a confiar en Dios

"El monoteísmo es una terrible idea, pero un descubrimiento maravilloso". La búsqueda de la pureza monoteísta lleva a la violencia. "La contemplación que podría guiar hacia fuera de esta implica una escucha autocrítica", dice Alison. Lo cierto es que vemos emerger este tipo de autocrítica por todo el texto hebreo. La autocrítica nos permite ver nuestra similitud con nuestro vecino. Tanto nosotros como el resto de la humanidad —todos nuestros hermanos y hermanas, primos y tías, taoístas, rastafaris, musulmanes, zoroastrianos, hindúes y judíos— somos personas en el proceso de ser transformados por la gracia de Dios.

Aprender a confiar en este Dios que no se opone a otros dioses, diferentes verdades o personas extrañas, sino que anhela reunir a todas las cosas en su seno, sucede mientras mantenemos una relación en el tiempo. No es una idea que abracemos o rechacemos; es una relación en la que estamos.

Cuando encontramos al monoteísmo como una idea, quedamos enganchados con los datos numéricos. Uno es un número. Como número, es más bien igual a otros números: diferente en cantidad pero no en calidad a diecisiete. Alison sugiere que podría ser de ayuda pensar menos en el número y más en la expresión Dios "es".

La Biblia tiene una abundancia viva —un excedente de metáforas rebeldes— cuando trata de hablar de Dios. Dios es único, difícil de describir, imposible de contener. Pero para poder hablar de Dios, para comunicarnos, apuntamos amplia y salvajemente.

Sacándole el *mono* a *monoteísmo*

El *mono* en *monoteísmo* no es del todo útil. Esa sílaba nos hace pensar en términos monolíticos, monoculturales, monopolistas. Una planta monocárpica es una planta que florece y da fruto solo una vez. Un monolito es masivo, sólido y uniforme. *Monoestilo* significa *tener un solo estilo.* Entiendes a donde voy.

La Biblia tiene una abundancia viva —un excedente de metáforas rebeldes— cuando trata de hablar de Dios. Dios es único, difícil de describir, imposible de contener.

La Unión de Científicos Preocupados dice que el monocultivo (cultivar un solo tipo de planta para aumentar el rendimiento de la cosecha y las ganancias) reduce la biodiversidad y está destruyendo nuestro planeta. Tal vez *mono* no sugiere lo que esperamos cuando hablamos acerca de Dios.

La Trinidad (aunque llegó como una doctrina más bien laboriosa y, algunos podrían decir, de manera artificial) es una hermosa metáfora alternativa. Dios es "esencialmente relacional, extático, fecundo, vivo como un amor apasionado", según expresa Catherina LaCugna. Claro, los cristianos también han usado la Trinidad para hablar de Dios como un Padre enojado descargándose la rabia con su hijo para liberarnos de la ira. Entonces, aunque puede ser una bella metáfora, no siempre lo es.

Los teólogos cristianos, musulmanes y judíos han pasado mucho tiempo ideando las mejores metáforas de Dios que puedan imaginar. El islamismo rechaza la Trinidad. Puedo entender que las personas que practican el Islam miran a la Trinidad como "conjeturas autocomplacientes sobre cosas que nadie puede saber o probar" (como dice Karen Armstrong). Incluso puedo ver algún mérito en ello. Tal vez experimentamos a Dios más como una epifanía que como una doctrina, como lo diría el islam.

Intentamos duramente enfocar nuestra atención en Dios a través de la historia, para dar con las mejores metáforas que podamos imaginar. Pero el tipo de verdad que encontramos con la fe es inacabable, porque se parece más al amor que a las matemáticas. La proliferación de metáforas que encontramos en la Biblia podría llevarnos a creer que Dios se parece a más a muchas cosas que a una sola: Dios es un lirio, una rosa, rocío, viento y fuego. Dios es una madre oso y un león. Dios no está en el fuego o el viento sino en una pequeña voz apacible.

No sabemos exactamente de qué hablamos cuando hablamos de Dios. Algunos místicos determinaron que era mejor permanecer en silencio ante el misterio. La teología apofática sugiere que lo mejor que podemos hacer es decir lo que sabemos que no es Dios. Necesitamos más silencio. También ayuda salir y mirar alrededor para escuchar lo que otras personas (nuestros primos y vecinos) están pensando. Si necesitamos ayuda para ver algo nuevo (o ver algo viejo pero de un modo nuevo), podríamos empezar por escuchar a las mujeres reclamando el rostro femenino de las creencias abrahámicas.

A pesar de la abrumadora masculinidad

Aunque nuestra Escritura puede ser material patriarcal mayormente transmitido, interpretado y realizado por hombres durante cientos de años, la búsqueda de Dios en nuestro medio no ha terminado. Todavía no terminamos. Dios aún no ha terminado.

Sí, las metáforas masculinas y los personajes masculinos en las historias bíblicas usualmente atraen una atención más sostenida. Sí, Yahveh sale al cruce como un bello *hombre. Sus* profetas líderes son hombres: Abraham, Moisés, Isaías, Jeremías, Ezequiel, Daniel. Jesús es hombre. Como Pedro, Juan, Mateo, Marcos, Lucas, y Pablo. Alrededor de doscientas mujeres son nombradas en la biblia; los hombres son 1181.

Pero a pesar de toda esta masculinidad abrumadora, esto es lo que empieza a suceder cuando aparecen las mujeres: las cosas cambian.

La mayoría de las mujeres en la Biblia todavía están por ahí (nada que ver con June Cleaver o el Modelo de Mujer Evangélica de los 70 o cualquier versión de las mujeres virtuosas de iglesias vendidas puerta a puerta en tu juventud). Mi hermana y yo recordamos una clase especial de domingo para *jovencitas* donde estudiamos Proverbios 31 para aprender qué significa ser una buena mujer. Ella "no come el pan de la ociosidad". Ella "se levanta cuando aún es de noche, y da carne a su casa". La buena mujer, según nuestro profesor, principalmente era alguien que obedecía a su esposo. Estoy segura de que el programa fue generado, en parte, por el miedo a que las mujeres desobedientes disrumpieran el *statu quo* (después de todo, acabábamos de pasar las rebeliones de los años sesenta). Muchas personas no estaban en el *statu quo*.

34

Las mujeres de la Biblia generalmente no se ajustan a la imagen de la mujer virtuosa que aprendí en la escuela dominical. No parecen ser buenas evangélicas. Ni como las santas cristianas del medioevo: mujeres que, según los hombres que escribieron sobre ellas, no estaban interesadas en la comida, el sexo o ningún tipo de placer. Los hagiógrafos (generalmente hombres) elogiaron a las santas por hazañas sagradas tan asombrosas como no comer nada durante tres años o estar milagrosamente libres de excretar. Columba de Rieti, según algunos reportes, "no excretó ni heces ni orina, no menstruaba, nunca sudaba —excepto por las axilas—, no descargaba suciedad o caspa de su cabello y solo ocasionalmente emitía saliva de su boca o lágrimas de sus ojos".

Agar llora. Ester complace sexualmente a su rey pagano. María da a luz.

Santa Beata Ida de Louvain, al menos así cuenta la historia, solo comía pan mohoso; no quería que nada que pasara por sus labios tuviera un sabor agradable. Una vez salió durante once días y su único alimento fueron flores del árbol de lima. En contraste con todo este extraordinario ascetismo, María, la hermana de Marta, lavó los pies de Jesús en exceso con ¡una libra! de aceite perfumado, y le limpió los pies con su cabello.

Usualmente, las interpretaciones tradicionales leen a la mujer de la unción en los evangelios como una subordinada, pero puedo decirte que ella no estaba siguiendo ninguna regla de comportamiento adecuado. Fue descaradamente sensual. Violó normas sociales fuertes y duraderas. Las mujeres en la Biblia generalmente no son muy santas, honestamente, y aun así, a menudo se las aplana para encajarlas en el papel de ejemplos morales. También te encuentras con esto en las lecturas feministas: ¿Son fuertes las mujeres? ¿Éticas? ¿Son buenos ejemplos para que las mujeres sigan? No estoy segura de que esas formas de leer sean útiles. La escritura revela quiénes somos y quién es Dios. Nos lleva a una relación más que a proporcionar ejemplos para que sigamos.

Con eso dicho, las mujeres en la Biblia son más subversivas que sumisas. Más que encajar perfectamente en las narrativas patriarcales, las disrumpen.

Agar es bendecida de la misma forma que Abraham: dando a luz a todo un pueblo (toda otra fe, como resultó ser). Ester salva a su pueblo no a través de ser pura o virginal, todo lo contrario a Agar. María la madre de Jesús es, en efecto, la madre de Dios. Decir que estas historias son puntiagudas es minimizarlas. Socavan la narrativa patriarcal dominante de manera significativa.

A menudo estas historias femeninas fueron una vergüenza

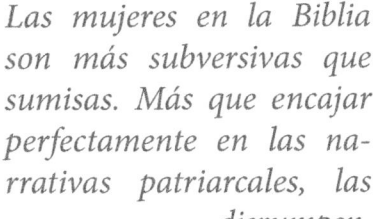

Las mujeres en la Biblia son más subversivas que sumisas. Más que encajar perfectamente en las narrativas patriarcales, las disrumpen.

35

para los padres de la iglesia: historias de personas humanas que tuvieron sexo, hijos, y emociones indecorosas. Los padres de la iglesia argumentaron mucho acerca de cómo entender estas viejas historias, limpiarlas y hacerlas edificantes. Nuestras lecturas todavía están distorsionadas por sus esfuerzos.

Pero no puedes cubrir realmente el comportamiento inadecuado de las mujeres. Una mujer con su cabello y su libra de perfume permanecen.

No mucho después de que María, la hermana de Marta, unge a Jesús con el perfume y su pelo, Jesús hace algo similar por sus discípulos (casi como si siguiera el ejemplo de ella): deja a un lado sus prendas, se pone una toalla alrededor de la cintura, vierte agua en un recipiente y comienza a lavar los pies de los discípulos, limpiándolos con la toalla que estaba usando para cubrirse. Casi tan íntimo como si hubiese usado su cabello. Esa es una historia loca para ilustrar el amor de Dios. ¡Hablando de desarmar el amor! Subvierte el poder usual del paradigma.

Necesitamos estas historias sobre un Dios que nos da el poder de amar. Puedes tener una fe *abrahámica* y *monoteísta* que no esté determinada por el poder del patriarcado.

Dios no está sentado en un trono por los sistemas que construimos. Dios es mucho más vivo que estático, más revoltoso que monótono. Detrás del *mono* hay una madre/padre/amante; un jardín desenfrenado con muchas flores, no un monocultivo. "Sea lo que sea" Dios, ha sido descrito por los místicos sufíes por aquí, seudodionisios por allá, Lutero, Hildegard, Teresa, Bridget y Karl Barth. Nadie con algún respeto por la empresa afirma haber dado en el clavo aún. Y todos acuerdan en que necesitamos seguir labrando el suelo.

36

Parte dos

Agar

3 La historia bíblica
Una matriarca a la par de un patriarca

Tu tarea no es buscar amor, sino simplemente buscar y encontrar dentro de ti todas las barreras que has construido contra él.

—Jalal ad-Din Rumi

Cualquier buen poema, cualquier buen ser humano, cualquier buena historia gira en contra de la forma en que se conduce.

—David Milch

Fotos de pingüinos, gallinas y cabras vestidos con suéter; un bebé erizo con botines rojos minúsculos que, aparentemente, alguien hizo a mano… Sigo cliqueando en presentaciones de diapositivas en mis novedades de Facebook (paso quince minutos sorteando publicidades para ver cómo luce el elenco de *Little House on the Praire* en la actualidad), e intercalo con videos de gatos. No estoy orgullosa de esto, pero al parecer no puedo evitarlo. Una parte de mí se conduce a la distracción. Necesito algo para cortar con las malas noticias. Al principio parece surreal: "Se les prohíbe hablar a las agencias gubernamentales con la prensa", "La palabra 'ciencia' desaparece de la Agencia de Protección Ambiental". Luego se vuelve exasperante: "Niños inmigrantes son separados de sus padres en la frontera". Así que firmo cuatro o diez peticiones (lo que parece un gesto impotente) y luego juro por Dios que no voy a entrar nunca más a internet; una promesa que dura dos días.

Pero en otras historias puedes ver mucha energía creativa explotando. Una colección de artistas mujeres que lanzan "El proyecto de la otra pared de la frontera". Reciben diseños para un muro de órgano de tubos, un muro de donde tomar agua y un muro de hamacas (entre otros). Más de cien mil personas se presentaron para la Marcha de las Mujeres en San Pablo cuando los planificadores esperaban veinte mil. Y los guardas del Parque Nacional rebelándose con el "Equipo de Resistencia No Oficial del Servicio de Parques Nacionales de los Estados Unidos".

40

Siempre amé las charlas del anfiteatro de los guardas del Parque Nacional que vi junto a la chimenea durante toda mi vida, con todo su conocimiento intrincado de bosques verdes y hábitats subalpinos, el tono y el ritmo de la canción del gorrión de garganta blanca. Pero nunca los vi como líderes de la resistencia: guardabosques rebeldes por misericordia.

Necesitamos las noticias de Dios. Necesitamos una historia que nos muestre a Dios actuando en contra de las abrumadoras fuerzas de la injusticia, un Dios que no esté del lado del poder. La historia de Agar es una de esas historias en las que Dios se abre paso donde no lo hay.

Tenemos unas cuantas historias de estas en la Biblia. A menudo, la Escritura hebrea encarna el espíritu de la subversión. Apenas establece su narrativa dominante, comienza a quitarle autoridad a la tiranía de una narrativa singular y demasiado simplificada. No suprime la posibilidad de narraciones opuestas. Planta la semilla para ellas.

¿Así funciona la palabra de Dios? ¿Liberando nuestras imaginaciones para que sean misericordiosas y libres de la inevitabilidad de la sumisión al poder?

La Biblia no es propaganda. Sus "héroes" mienten, roban y beben mucho. Establece instituciones (sacerdocio, templo, iglesia) y las socava con contranarrativas que exponen su corrupción. Las historias se cuentan y revisan; el pueblo de Dios es condenado y redimido. La Biblia no es una herramienta de promoción ingeniosa para una nación o institución, tampoco un conjunto particular de creencias. Es un testimonio de un Dios que está profundamente vivo. Esto es algo hermoso del monoteísmo; sigue renunciando a la idolatría en favor de un amante que resiste al cálculo, un amante que no conoce de límites.

La Biblia hebrea suele encontrarse como socavando su propia trama. Como si hubiera una historia que está tratando de contar, pero se interrumpe constantemente; como si algún profeta siguiera a los narradores oficiales gritando ofuscaciones para desordenar la narrativa dominante. Gira contra la forma en que se conduce.

En el momento glorioso de Éxodo, cuando los israelitas están por ser liberados de la esclavitud, la historia repentinamente hace foco en las casas de los egipcios donde, según nos dicen, se podía escuchar un llanto terrible "así como nunca hubo, ni jamás habrá". Todas las familias egipcias que habían perdido niños por la plaga final están llorando. Los lectores tienen cierto sentido de justicia correcta cuando el maestro de los esclavos, el faraón, es castigado. Pero el texto continúa hasta el punto en el que realmente no puedes seguir teniendo ese sentimiento. No solo el hijo primogénito del faraón es afectado por la plaga, sino también el primogénito de la sirvienta, y el primogénito de la cautiva, y el del ganado. Empiezas a sentir lástima por el enemigo.

Las personas han sido esclavizadas en Egipto por un

41

poderoso faraón, pero fue José, por su cuenta, quien puso en marcha su proceso de esclavitud. El faraón es cruel, oprime al pueblo y no lo dejará ir; pero es Dios, dice repetidamente el texto, quien endurece el corazón del faraón. Las preguntas se detienen, caminan un poco hacia atrás, y te pegan en la cara ¿Dios endureció el corazón del faraón? ¿En serio? ¿Por qué? ¿La sirvienta tenía que perder a su hijo?

> La palabra de Dios es una revelación que está dirigida a unirnos entre nosotros y a Dios, no a reforzar líneas enemigas.

Las personas usualmente leen las historias como si estuviesen destinadas a crear un sentido de *nosotros* y *ellos*, pero esta lectura pierde el corazón palpitante y misericordioso de la Escritura. La palabra de Dios es una revelación que está dirigida a unirnos entre nosotros y a Dios, no a reforzar líneas enemigas.

Una mujer degradada

Del modo en que algunos de nosotros la escuchamos contar en la escuela dominical, la historia de Agar e Ismael predecía la inevitable animosidad entre las ramas de la familia de Abraham, explicando el perpetuo conflicto entre el pueblo árabe y el judío sobre la tierra de Israel. En el relato de la escuela dominical, esta historia acerca de una madre y su hijo y su tierno Dios justificaba una especie de desesperanza, un límite. Deberíamos tratar de leerla de otra forma.

Pablo no es exactamente útil en este aspecto. Ofrece el enrevesado argumento de que Agar e Ismael son enemigos de la libertad. Su lectura de la historia, si no creativa, es al menos es tensa y bizarra. Pablo convierte a Agar en un objeto de desprecio. Toma las crueles palabras de Sara en la historia como si fueran mandamientos de Dios: "Echa a la esclava (esa enemiga de la libertad) y a su hijo". El islam todavía no estaba en la escena, pero este argumento es utilizado por sus detractores cuando aparece.

Martín Lutero sube el antagonismo: acusa a Agar de secuestrar al hijo de Abraham. Y afirma que ella es la causa de todos los pecados de la familia. Calvino menosprecia a Agar por tener un temperamento salvaje e intratable. Aunque esto no parece muy justo, no es sorprendente. Las mujeres son presentadas ante acusaciones similares todo el tiempo por alzar sus voces o defender sus derechos.

No recuerdo exactamente como narró la historia mi escuela dominical bautista, pero salí con la impresión de que Agar era seductora o sensual (la otra mujer arquetípica). Aprendí que la relación de Abraham con Agar era un error. Isaac, el hijo de Abraham de parte de Sara, era dulce y obediente, pero Ismael, el hijo de Agar, era brusco e insolente. Esto probablemente se transmitió con un personaje de ojos estrechos y aspecto sospechoso en un tablero de franela. El resultado: Ismael "se burló" de su medio hermano y mereció ser desterrado por Dios al desierto. Esa lección podría ayudar a algunos padres para refrenar la rivalidad entre hermanos, pero nunca desterré a uno de mis hijos al desierto, así que no puedo afirmarlo con certeza. La lección pende de una palabra hebrea, *m'tzahek*, que puede ser traducida como *burlar*, pero también de otras formas no siniestras, como *jugar* o *reír*. El texto no es nada claro en las cualidades morales de los personajes involucrados. Ese no parece ser el punto de la historia.

Para ser una mujer a quien Dios claramente escucha, ayuda y ve, los lectores han gastado mucha energía menospreciando a Agar. Su historia socava la narrativa oficial patriarcal, así que tal vez no es sorprendente que sea degradada.

La gran narrativa en Génesis es sobre Israel. Es sobre los herederos de Abraham a través de Isaac, y Dios bendiciendo al pueblo judío. La historia de Agar avanza en una dirección

43

completamente diferente, con el otro hijo de Abraham y la otra mujer.

El nombre de Agar significa *otra, extranjera, extraña.* ¿Quién la dejaría entrar?

Resiliencia y resistencia

Para ser una protagonista femenina en la Biblia, Agar tiene una historia notable. Tenemos dos pasajes bastante largos y detallados sobre ella en Génesis, a pesar de que estas narraciones son disruptivas a las líneas argumentales patriarcales.

———————❧———————

El nombre de Agar significa otra, extranjera, extraña. ¿Quién la deja entrar?

Aunque Agar no haya recibido mucha atención positiva en la iglesia de personas blancas en la que crecí, la iglesia afroamericana ha reconocido ampliamente la importancia de su lugar en la Escritura. En *Sisters in the Wildernes,*[1] el trabajo histórico que ayudó a establecer la teología *mujerista* afroamericana, Delores Williams dice: "Durante más de cien años, Agar —la esclava africana de la mujer hebrea Sara— ha aparecido en los depósitos de la cultura afroamericana. Escultores, escritores, poetas, académicos, predicadores y gente común y corriente han pasado la figura bíblica de Agar a generación tras generación de personas negras". Leyendo la historia de Agar desde su punto de vista, estas comunidades afroamericanas en vez de ver como personajes centrales a Sara y a Abraham, sitúan a Agar en ese lugar. El patrimonio de Agar era africano. Ella era una mujer negra y esclava, brutalizada por su esclavista, Sara.

En la narrativa, la voz de Dios entra primero en conversación con Agar, y no con sus opresores (algo que el apóstol Pablo no parece haber considerado). "Agar se convierte en la primera

44

———————

1 Puede traducirse como *Hermanas en el Desierto*

mujer de la Biblia en librarse de las estructuras opresivas de poder", escribe Williams. Eso no es ser enemiga de la libertad.

Agar emerge como una madre resiliente en la relectura de Williams y como una figura importante de resistencia femenina entre las muchas comunidades afroamericanas.

El Dios que ve

He aquí la narrativa básica: Sara, la esposa de Abraham, no puede quedar embarazada. Ella sabe que Abraham necesita un heredero, así que le dice que tenga sexo con su sirvienta egipcia, Agar, y la deja embarazada. Sara (teóricamente) debería estar feliz, pero no lo está. La mayoría de las traducciones dicen que una vez que Agar quedó embarazada, miró a Sara con "desprecio", pero realmente el hebreo es más suave que eso, algo más parecido a "Agar miró a Sara con menos estima". Tal vez eso fue porque Sara la forzó a tener sexo con su marido de ochenta años. Tal vez era porque Sara le estaba pidiendo que porte un hijo que tendría que dejar ir. Hay muchas razones por las que Agar podría haber mirado a Sara con menos estima.

Sara le dice a Abraham que a no le gusta el modo en que Agar la mira. Más bien insegura, menopáusica, definitivamente más allá de los años fértiles, tal vez Sara está propensa a esta mala interpretación irritable. Era ella la que quería tener al niño. Pero, como sea que Agar mirara a Sara, difícilmente sea evidencia de que Agar tuviese un temperamento salvaje e intratable.

En el texto, Abraham parece empatizar con Sara. Él le dice que haga lo que quiera con Agar. Cuando Sara trata "duramente con ella", Agar se va. Escapa al desierto del mismo modo en que luego los israelitas escaparán de su esclavitud e irán al desierto. El texto usa la misma palabra para describir el trato duro de Sara para con Agar que luego utiliza para describir al trato duro del

45

faraón egipcio hacia los israelitas. Aquí una hebrea oprime a una egipcia. Más tarde en la narrativa, esto se revertirá. Conforme se desarrolla el código moral israelita, el modo en que la comunidad trata al extranjero se vuelve un componente crucial de la Ley de Israel: "no [la] debes maltratar u oprimir". Pero Sara le gana a la *otra*, y Agar huye.

Sara es la matriarca fundacional oficial; de ella nace supuestamente el heredero legítimo, pero no queda claro si puedes confiar en ella. En este punto de la historia, nuestra simpatía es atraída por la extraña. Respeto eso en una narrativa fundacional. La historia del pueblo escogido incluye al otro en lo profundo de su corazón.

Allá afuera en el desierto, sola, las probabilidades de que Agar sobreviva no son altas. Pero un ángel del Señor la encuentra en el desierto. Agar es la primera persona de la Escritura en recibir tal mensaje. El ángel le dice que vuelva al campamento porque "mira que estás embarazada, y darás a luz un hijo: lo llamarás Ismael". Esta no es la única vez que escuchamos una línea como esta en la Biblia, pero es la primera anunciación bíblica. Un ángel le dirá las mismas palabras a María, la madre de Jesús.

A través del ángel, Dios le da Agar, a esta mujer —la otra, la extranjera egipcia, la no hebrea— la misma promesa que le dio a Abraham, el patriarca, diciendo: "Multiplicaré tanto tus descendientes que no podrán ser contados".

Y luego Agar —la única persona en la Biblia en hacer esto— le da a Dios un nombre. Una mujer nombra a Dios. ¡Qué audacia más encantadora! Lo llama "El Dios que ve", un nombre hermoso. Este Dios le presta atención, y se acerca lo suficiente como para verla. El Dios de Agar no es una deidad narcisista obsesionada con ser visto: este Dios la ve a ella, ve cómo sufre. Este Dios la encuentra en el desierto y la ayuda.

El asno salvaje

El ángel le dice a Ismael que será "un hombre indomable, como un asno salvaje". Para los lectores contemporáneos esto puede sonar insultante. Pero en la Biblia, el asno, más que otros animales, es notablemente libre. En Job, Dios habla adorablemente del animal, que no oye los gritos del arriero, explora a la montaña como a sus pastos y busca todo lo que sea verde (una especie de guardabosques). Tal vez esta es la reconfirmación del ángel de que, a pesar de que se le indique regresar al campamento, Agar y su hijo no vivirán vidas esclavizadas por los poderes.

Lo de Agar es excepcional: una egipcia tratada de forma dura por Sara es tratada con ternura por Dios, quien la cuida, interviene protegiéndola y le promete que será la madre de una gran nación. Y Agar vuelve al campamento a dar a luz a su hijo, lo que probablemente haya sido una buena movida para su supervivencia.

Eventualmente, Sara queda milagrosamente embarazada de Abraham, que tenía ciento un años. Su hijo Isaac es el heredero "verdadero". El día en que Isaac es destetado, Abraham prepara una gran fiesta. Tal vez Sara haya estado bebiendo porque no había podido hacerlo mientras daba de amamantar (y tal vez es por eso que tienen un festival del destete). Tal vez ella es una borracha malvada, pero ve a es Ismael "jugando" con Isaac en esta fiesta (*jugar* es una palabra que puede ser traducida de muchas maneras). Afligida, decide que Agar e Ismael deben ser enviados a morir al desierto.

En el antiguo Talmud hay mucho *midrash* —comentario rabínico— sobre este texto. Los rabinos hacen muchas preguntas acerca de él. Sara quiere enviar al muchacho y a su madre a morir. Algunos intérpretes defienden a Sara. Dicen que era una jueza incisiva de la humanidad y sabía que los dos hijos de Abraham nunca podrían vivir pacíficamente juntos. Abraham, por otro lado, estaba muy involucrado con la *otra*, esto hace que la complejidad se meta en el camino de la claridad. Sara lo deja en claro: "El hijo de esta esclava no deberá ser heredero con mi hijo".

Pronto nos encontramos con una escena desgarradora. Abraham no quiere echar al muchacho ni a su madre. El día en que van a partir, se despierta temprano, toma algo de comida y una cantimplora, y los coloca en los hombros de Agar. Cuando se acaba el agua, Agar lleva a su hijo moribundo debajo de unos arbustos, se sienta y suplica: "Por favor, no me hagas ver cómo muere mi hijo". De nuevo, un primogénito. Esta es la mayor emoción que hemos visto en la Biblia hasta ahora. Agar es la primera persona en la Biblia en llorar. Se acerca emocionalmente al Dios que ve, y Dios la ve a ella. Dios le dice que no tenga miedo: "Levanta al muchacho y sostenlo rápidamente con tu mano; porque haré de él una gran nación".

En la narrativa de Génesis no ves a Dios actuando tan misericordiosa y tiernamente en respuesta a los seres humanos hasta que lo ves con Agar. Este no es un dios guerrero poderoso o un creador impasible. Aquí Dios disrumpe la narrativa patriarcal oficial. Es como si la historia supiera lo que quiere contar: Isaac es el elegido, los israelitas son el pueblo escogido, y luego cae otra narrativa brillantemente intensa. Agar e Ismael no solo sobreviven en el desierto: prosperan.

> *Agar es la primera persona en la Biblia en llorar. Se acerca emocionalmente al Dios que ve, y Dios la ve a ella. Dios le dice que no tenga miedo.*

Hay una pequeña trama al final de la historia. Tal vez ni siquiera notaste que está allí o no la creíste importante: Agar encuentra una esposa para su hijo. Esta es la única vez en la Biblia donde una mujer encuentra esposa para su hijo. Los hombres encuentran esposas para sus chicos. Es un patriarcado: no dejas que las mujeres se metan con las tramas.

Agar se mete con las tramas.

La historia de Agar traza un paralelo, de manera notable, con la de Abraham. Ella toma a su primogénito y lo lleva al desierto, donde su muerte parece inminente hasta que un ángel le habla y le muestra un pozo. Abraham lleva al segundo hijo arriba del Monte Moría, donde su muerte parece inminente hasta que un ángel le habla y le muestra un carnero. Incluso el lenguaje en los dos incidentes es paralelo; en ocasiones, usan las mismas palabras.

Abraham es el personaje central en la historia de Isaac. Agar es el personaje central de la historia de Ismael. Aquí, desde el principio de la Escritura, es una matriarca a la par del patriarca.

Aunque la narrativa diverge para seguir a Abraham e Isaac, el texto hebreo hace que esta mujer, la otra que fue bendecida, se destaque en su historia como una pregunta hermosa. Dios bendice a una matriarca egipcia en el medio de un patriarcado hebreo acorazado.

No importa cuán inclinada esté la narrativa dominante, la historia de Agar, plantada en medio de ella, también incluye la pregunta ¿Y qué si la narrativa hubiera seguido a la madre?

Amor, no sacrificio

En el capítulo que sigue inmediatamente al tierno relato de Agar e Ismael, la historia de Dios toma un giro repentino: Dios aparece como alguien insensible y casi cruel. Según cuenta la historia, le pide a Abraham: "Toma a tu hijo, tu único hijo, a quien amas, y ve a la tierra de Moria, y ofrécelo allí como un holocausto". Dios le pide Abraham que mate a su hijo. Abraham no discute con Dios mientras se levanta silenciosamente en la mañana, se reúne con su hijo, ensilla su trasero y camina penosamente por la montaña.

Piensen en estos dos padres puestos uno al lado del otro.

Agar llora cuando ve que su hijo podría morir. Abraham acuerda hacer sin ningún cuestionamiento lo que Dios ordena, incluso si eso significa matar a su hijo. Por esto es visto como un ejemplo devoto de lo que significa tener fe. Todas las creencias abrahámicas han hallado inspiración en la historia sobre la voluntad de Abraham de matar a su hijo. No hace falta mucha imaginación para entender que tal vez queramos repensar eso.

¿Cómo es que fallamos en prestarle la debida atención a la historia donde la protagonista y Dios están emocionalmente involucrados en el destino de un niño y pusimos toda nuestra atención a la historia del padre varón?

La historia del casi-sacrificio de Isaac no es mencionada nunca más en la Escritura hebrea, no como el Éxodo, por ejemplo, que es recordado una y otra vez. Claramente los salmistas, los profetas y los poetas no la consideraron como un ejemplo brillante de quién es Dios y de cómo luce su fe. La historia empieza a recibir más atención al final del primer milenio a. e. c, cuando los Israelitas enfrentan la persecución. Los hechos de Abraham se convierten en un símbolo importante para el tipo de sacrificios piadosos que los individuos deben estar dispuestos a hacer. Pero "¿Estás dispuesto a matar por tu Dios?" no es una pregunta que ha conducido a cosas buenas.

Aferrarse solo a la historia del patriarca hace parecer que Dios enfrenta al amor parental con la gran fe. Si bien esta oposición termina siendo enfatizada en la historia de los sistemas religiosos patriarcales, no estoy segura de que sea lo que Dios tenía en mente. Observa a Dios con Agar.

En un libro que explora las creencias abrahámicas, Bruce Feiler escribe: "Esta voluntad de hacer 'el sacrificio definitivo para Dios' es el legado más problemático de la vida de Abraham. Él no es tan solo un caballero de paz, sino un modelo tanto de fanatismo como de moderación... Se nutrió de su propio comportamiento… La íntima conexión entre la fe y la violencia. Y luego, elevando tales conductas al estándar de piedad, despertó en sus descendientes un deseo similar de arremeter, de ver el dolor como un brazo de la fe y de usar la brutalidad para avanzar en su visión de un mundo centrado en lo divino".

Tal vez nos estuvimos enfocando en la historia equivocada. Observa a la madre, porque su historia está aquí, también (la matriarca a la par del patriarca). Lejos de realizar algún acto violento o estar dispuesta a hacerlo, Agar desafía a Dios pidiéndole que le ayude a que su hijo sobreviva.

Se supone que el patriarca debe demostrar su amor por Dios al estar dispuesto a matar a su hijo: un desafío distorsionado y el ejercicio final de desapego emocional. Abraham, de acuerdo a la oración litúrgica, "reprimió su compasión para cumplir Su voluntad con un corazón perfecto". No es que me lo sé todo, pero ¿es así como funciona? Dios está tan vivo como el amor apasionado. Dios anhela atraernos a su compasión misericordiosa sin separarnos de nuestro sentir.

Tal vez la historia de Abraham nunca tuvo la intención de ser ejemplar. Es más bien una narrativa acerca de aquello que intervino para que se pasara desde idolatría hacia la fe en un Dios vivo, universal, amoroso y misericordioso. Inevitablemente, hay errores que se cometen a lo largo del camino. Los viejos dioses requieren sacrificio. El Dios que sostiene a todos los seres, lo ama todo —pájaros y agua, las ovejas y las cabras— no quiere tu sacrificio, sino tu amor.

La historia de Agar no es grandiosa. Lo que la hace inspiradora no es algún celo singular y heroico, sino algo a lo que todos tenemos acceso casi a diario: el amor. Y no es algún tipo de amor noble, abstracto, y raro; es uno muy humano. Ella llora a Dios para salvar a alguien que ama. Esta es la fe de Agar: ve a su hijo sediento y desea calmar su sed. No está pidiendo despegarse de sus sentimientos para probar su fe. La fe es algo tan cercano y natural para ella como su propio aliento. ¿Qué si la fe es algo como eso en vez de algo por lo que tenemos que luchar? ¿Algo más bien parecido a respirar que a luchar por la pureza?

Tal vez nos estuvimos enfocando en la historia equivocada. Observa a la madre, porque su historia está aquí, también: la matriarca a la par con el patriarca. Agar desafía a Dios pidiéndole que le ayude a que su hijo sobreviva

Cerca del final de su vida, después de la muerte de Sara, Abraham se casa con Keturah. Según la tradición midrásica, Keturah es el nombre real de Agar. Agar solo es un nombre descriptivo que quiere decir *otra*. Lejos de cortar la contranarrativa, Abraham la abraza. La lleva a su corazón. Se acuesta con ella, hace el amor con Agar nuevamente y tienen muchos más hijos. En esta lectura, el mundo no está tan irremediablemente dividido. No es un lado o el otro. Agar y Abraham se abrazan en su vejez. Los límites se desdibujan. El amor de Dios se suelta. Que de alguna manera, así sea.

4 La madre del Islam

Buscando a Agar en el Corán, un salón de tatuajes y una galería de arte

Supongamos en aras del argumento que la maternidad era poderosa.

—Laurel Thatcher Ulrich

Trascender significa literalmente cruzar, puentear, o hacer conexiones. Un Dios realmente trascendente no conoce los límites de ninguna vida o ubicación humana, sino que cruza constantemente sobre los límites como para convertirse en la fuente de privilegio especial de un grupo. Hemos "atrapado a Dios" con una noción de trascendencia que es una proyección de aquellos que están acostumbrados a estar a cargo.

—Karen Bloomquist

En 1 Crónicas 5:18–12 hay una pequeña mención de cuando los rubenitas derrotan en batalla a los gaditas. Los rubenitas toman 50 000 camellos y 250 000 ovejas de los gaditas. Algunos académicos dicen que la tribu no está relacionada con Agar; otros desacuerdan. Las doce tribus de Israel fueron nombradas en honor a los hombres, naturalmente.

Pero, ¿y que si el clan matriarcal de Agar floreció en el desierto? Tal vez la pérdida de los camellos y las ovejas ni siquiera le preocupaban: todavía tenían sus cabras con su leche y queso con hierbas incrustadas. O tal vez estaban más interesados en las dietas a base de plantas y se sintieron aliviados al ver que algunos de los productos animales se iban con los rubenitas.

La Escritura hebrea planta esta semilla potencialmente subversiva: la bendita (M) Otra[1], y la deja ahí. Pero no se marchita y muere. Mientras que la Escritura hebrea tiene unas pocas historias sobre Agar e Ismael, la tradición islámica tiene muchas. El cristianismo y el judaísmo pueden haberla difamado, pero en el islam, Agar es la matriarca del monoteísmo. Es eventualmente a través de Ismael que llega Mahoma. En la tradición islámica, Dios guía a Agar hacia el desierto para que así, a través de ella, nazca una nueva fe que permita que muchos "otros" se encuentren con el Dios de Abraham.

Las historias islámicas son similares a las que hay en la Escritura hebrea. Agar e Ismael son enviadas al desierto, donde se quedan sin agua. Decidida a salvar a su hijo, Agar comienza a correr de un lado a otro entre dos colinas, tratando de levantarse lo suficientemente alto como para detectar una caravana que pudiera ayudarla. Después de correr siete veces, Ismael golpea el suelo con su tobillo y un pozo milagroso brota del suelo. Se llama *el pozo de Zamzam*. Cuando los musulmanes hacen su viaje a la Meca, es parte de su peregrinación recrear la determinación materna de Agar al correr siete veces entre las colinas. Luego beben del Zamzam y llevan algo de esa agua a sus casas en memoria de Agar. La Kaaba, localizada en la Meca, es el santuario más sagrado del islam. Según la tradición islámica, fue construido por Adán y luego

---

1 Aquí la autora realiza un juego de palabras donde al agregar la letra *m* entre paréntesis delante de *other* (en español, *otra*) puede decir "otra" y "madre" al mismo tiempo.

reconstruido más tarde por Abraham e Ismael cuando Abraham fue a visitar a su hijo. Cuando Abraham deja a Agar e Ismael en el desierto, lo hace en el lugar del Kaaba, *La Casa de Dios*. En la Escritura hebrea, Abraham parece abandonar a Ismael, pero en las historias islámicas vuelve a visitar a esta parte de su familia. Hermosas historias que parten el corazón. Un hijo en cada lugar, Abraham caminando de un lado a otro; padre no de una, sino de dos creencias. El patriarca ama a sus dos esposas y a sus dos hijos.

Conociendo a mi vecina musulmana

Vivo en una granja en la zona rural de Minnesota, justo al este de un pueblo llamado *Milaca*. Realmente no tengo ningún vecino musulmán. Estábamos buscando propiedades con algunas características bonitas y a buen precio cuando nuestra pequeña comunidad de amigos decidió asentarse aquí. Aún no teníamos hijos. No pensamos en todo lo que eso implicaba. La reserva india de Mille Lacs está a una hora al norte de nosotros. St. Cloud, con una gran población Somalí, una hora al oeste. Pero Milaca es 95 por ciento blanca y la mayoría evangélicos, y algunos luteranos y católicos por aquí o por allá (64,4 por ciento de los residentes voto a Trump en las últimas elecciones presidenciales, 28,6 por ciento votó a Clinton). Tenemos unas de las cenas de *lutefisk* más famosas del estado: el evento "intercultural" más grande es Sueco.

Minnesota central es un destino popular para oradores itinerantes cuyo principal objetivo es difundir el miedo al islam. Un exagente del FBI que dejó la agencia en medio de un escándalo creó una nueva carrera al difundir la alarma en nuestra parte del estado: le pregunta al público que va a verlo si están preparados para lidiar con docenas de yihadistas con morteros y cohetes de hombro. Dice que los musulmanes están comprando estaciones de servicio y trabajando en aeropuertos de modo de allanar el camino para una toma violenta. Otro orador, el hijo de un pre-

55

dicador bautista, habló en más de veinte eventos en Minnesota central durante un año y medio. Él le dice a su audiencia que el islam no es una religión; es un culto salvaje. Argumenta a favor de la deportación masiva de los musulmanes de los Estados Unidos. La Radio Pública de Minnesota reportó que un miembro de la audiencia concluyó en una de estas conversaciones que en realidad las personas que no tienen vecinos musulmanes están más aptas para evaluar la amenaza del islam porque "si te codeas con muchos musulmanes podrías ser persuadido a creer que no son tan amenazantes".

He decidido aproximarme de otra forma

Quería codearme con tantas mujeres musulmanas como me fuera posible. Quería escucharlas hablarme de Agar. Como eso seguramente no ocurriría en mi barrio, empecé a contactar a cada mezquita y organización islámica que pudiera encontrar en un radio de setenta y cinco millas. No me sorprendería si en estos momentos estuviese en alguna lista de vigilancia del gobierno. Me preocupaba un poco que si seguía a Agar en su terreno islámico pudiera decepcionarme por todo el patriarcado que encontraría allí. Estoy tan agotada de encontrarlo en mi propia tradición, que no estaba segura de poder tolerarlo en otra. Decidí que una manera de evitarlo era reuniendo historias de mujeres.

Tatuajes de henna en el centro comercial somalí

Cuando le pregunté a Ángela, una amiga mía, si podía ayudarme a conocer mujeres musulmanas, sugirió que fuéramos al centro comercial somalí en Minneapolis para hacernos tatuajes de henna. Ángela es una profesora que trabaja con inmigrantes. Igual que un ángel, siempre está atenta a quien esté vulnerable en una habitación o en un bar, y siempre está conectando a las personas.

Ángela ya ha estado en los salones de henna del centro comercial. Ella dice que son espacios relajantes donde las mujeres se juntan por horas; buenos lugares para la conversación.

El domingo fuimos temprano al centro comercial, y ya estaba lleno. Afuera hay un signo que dice "Centro comercial somalí". Un gran grupo de hombres reunidos afuera se ríen y hablan acerca de otro somalí (eso asumo). La música se escucha en voz alta por dentro y por fuera: es una mujer cantando a capela. No había estado Mogadishu, pero estuve en los mercados de África en Mali, y esto se sentía más a uno de esos mercados que a Minnesota. Los estrechos pasillos están llenos de puestos que venden telas en colores vibrantes, joyas, perfumes, abayas, hijabs, zapatos, productos electrónicos, libros y productos para el cabello. Huele a especias, carnes a la parrilla e incienso.

El lugar donde Ángela se había hecho los tatuajes todavía no está abierto, así que deambulamos. Nos subimos al ascensor. Vamos al tercer piso. No sabemos qué hacer.

Al bajar del ascensor, un hombre elegante se para fuera de su puesto de libros y pregunta si nos puede ayudar. Cuando le cuento que estábamos interesadas en los tatuajes de henna, él nos contesta que conoce una artista maravillosa

57

Me preocupaba un poco que si seguía a Agar en su terreno islámico, podría decepcionarme por todo el patriarcado que encontraría allí. Decidí que una manera de evitarlo era reuniendo historias de mujeres.

y nos presenta a Amina. Ella nos guía a través de la sala delantera de su puesto donde se exhiben unos hermosos vestidos y algunos productos como champú y jabón. El cuarto de atrás está lleno de cajas y muebles rotos.

Amina limpia los envases vacíos y las botellas de agua. Hacernos espacio en un sofá de vinilo negro con una pata faltante.

Se sienta en una caja de leche enfrente a nosotras y empieza conmigo. Dibuja rápidamente patrones intrincados en negro y rojo desde la punta de mis dedos hasta mis codos.

Amina hace caso omiso de nuestros cumplidos sobre su habilidad. Todas las mujeres conocen cómo hacer los diseños de henna en Somalia, dice. No hay otra cosa para hacer: no hay escuela, así que las chicas cosen. Y hacen henna. Ella vino a Minnesota desde un campo para refugiados en Kenya. Amina pone a un lado su hijab y se levanta la camiseta para mostrar las heridas de bala en su pecho y la parte superior del brazo izquierdo.

Estoy pensando que la historia de Agar tal vez no sea lo más relevante de su vida, pero con una explicación torpe le cuento en qué estoy trabajando y le pregunto si está familiarizada con Agar. Amina dice que no es religiosa. Ella no sabe nada de Agar. Entran más mujeres. Amina hace las rondas, pinta las manos, brazos, pies y pantorrillas. Mientras que un patrón se está secando empieza a trabajar en otro.

Las siguientes cinco mujeres musulmanas que conozco en el internet y por teléfono tampoco conocen a Agar. Cuando le pregunto a Meymun, una traductora de una clínica para mujeres de St. Cloud, si tiene modelos a seguir que sean mujeres musulmanas, me cuenta sobre Hawo Tako, una luchadora Somalí de la libertad que murió en una manifestación que dirigió contra una colonia italiana. Un monumento en Mogadishu honra su valentía. También me relata acerca de Asil Osman Abade, una piloto de las fuerzas aéreas y activista de los derechos civiles. Ella conoce a Agar, pero quiere que yo conozca sobre estas mujeres.

"Decir islam de manera significativa", escribe Shahab Ahmed en su libro *What is Islam?*,[2] "requiere hacernos sensibles a la 'capacidad para generar espacio, a la complejidad y usualmente a la absoluta contradicción' que está dentro del rango más

---

2 Puede traducirse como *¿Que es el Islam?*

amplio posible de prácticas, creencias, formas de representación, metáforas y objetos asociados al islam". Mi conocimiento es estrecho. Estoy aprendiendo a no asumir nada de la fe de una mujer por identificarse como musulmana.

La definición inclusiva y literal de *musulmán* es *uno que se somete a Dios*. Es un término mucho más inclusivo que *cristiano* o *judío*, los cuales son mucho más específicos. La historia del islam, según Ahmed, está llena de diferentes manifestaciones de la creencia islámica. Comprende "el literalismo de los restrictivistas textuales que dan prioridad absoluta al texto del Corán y el Hadith (el corpus de los dichos atribuidos a Mahoma)", así como los proyectos expansionistas de filósofos islámicos y místicos sufíes. Incluye la celebración de la representación figurativa y la prohibición de la misma. Cierta poesía islámica rebosa de referencias a las virtudes del vino.

La fe de las personas les puede resultar importante de una infinita variedad de formas, y también puede ser periférica a su identidad. Claro, hay muchas personas que se identifican como cristianas, que no saben la historia de Abraham o no están muy interesadas en ella. Por alguna razón errónea, pensé que sería más fácil encontrar una mujer musulmana que quisiese hablar sobre Agar. No lo es. Pero seguí buscando.

Las esposas de Mahoma

Conocí a Hend Al Mansour en la galería donde recientemente instaló su exhibición: Mihrab-Hermitage. Practicó medicina en Arabia Saudita antes de venir a Minnesota, donde empezó a explorar la escultura. Conoce a Agar y corrió entre las montañas de Safa y Marwah en la Meca, siguiendo sus pasos. La experiencia la llenó con un sentimiento de compasión, imaginando a Agar correr con su hijo en brazos. Hend tiene puestos unos jeans negros y un suéter con cuello de tortuga. Su pelo está algo suelto y

59

es rizado, oscuro con mechones grises.

Hend respeta a Agar y su lugar como matriarca, pero las historias islámicas más importantes para ella son las de las esposas e hijas de Mahoma. Le gusta en hecho que Khadija, su primera esposa, fuera cincuenta años mayor que Mahoma y que él fuera su empleado. Le gusta que Mahoma se quedara con ella y solo con ella hasta que murió.

Khadija era una mujer rica. Manejó el negocio de su marido fallecido. En el siglo VI, así dice la historia, contrató a su primo lejano Mahoma ibn Abdullah para trabajar para ella. Él era un excelente empleado. Aunque muchos hombres ricos le habían propuesto matrimonio después de haber enviudado, quería casarse con Mahoma. *Ella* le propuso matrimonio. El aceptó.

Por esos tiempos, según la narrativa fundante del islam, las cosas estaban cambiando en Arabia. Un influjo de dinero y comercio estaba interfiriendo con los valores nómades de la comunidad. Una nueva especie de individualismo estaba emergiendo. Atribulado por el crecimiento económico dispar, la erosión de la comunidad, y preocupado porque la gente no estaba cuidando a los vulnerables, Mahoma fue a una caverna fuera de la Meca para ayunar y orar.

Durmiendo en la cueva una noche, fue despertado por una presencia divina que le ordenó que "recitara". Estaba aterrorizado. Como Moisés o Jeremías, creyendo que era incapaz de desafiar la palabra divina. Pero la presencia siguió presionándolo, así que empezó a decir las palabras que con el tiempo serían el Corán, o la Recitación.

Abrumado por la experiencia, Mahoma halló su camino a casa, de vuelta con Khadija. Se lanzó en su regazo y le pidió que lo cuidara de esta presencia. Ella lo consoló haciéndolo confiar en que esta presencia estaba para ayudarlo a restaurar la comunidad generosa y amorosa que su pueblo había perdido.

Khadija convenció a Mahoma de que Dios estaba con él, que debería proceder y no tener miedo. Según la tradición, aquí es donde empieza la fe islámica (610 DC).

Viajando y trabajando para Khadija, Mahoma tuvo contacto con comunidades judías y cristianas. Había escuchado del Dios de Abraham, y creía que era este Dios el que le había hablado.

Como Mahoma no podía escribir, las personas que escuchaban sus palabras las memorizaban. No fue hasta veinte años después de su muerte que fue hecha la primera compilación oficial de revelaciones que recibió.

Mahoma siguió casado monogamente con Khadija durante veinticinco años hasta que ella murió. Después de la muerte de su esposa, según Hend, Mahoma "enloqueció". Se casó con muchas mujeres (doce, para ser exacta). Pero no era como si estuviera coleccionando esposas de trofeo. La mayoría eran viudas. Se decía que Sawda bint Zam'a tenía cincuenta cuando se casó con Mahoma. Una de sus esposas era cristiana y una era judía. Estaba rodeado de mujeres ancianas, jóvenes, cristianas y judías. Su hija más cercana fue Fátima, la más pequeña de las que tuvo con Khadija. No tuvo hijos que hayan sobrevivido la infancia. Como Amy Poppinga, una profesora de historia, me dijo: "Toda su vida eran las mujeres".

Su esposa más joven, Aisha, era "brillante y luchadora", según Hend. Vivió durante cuarenta y cuatro años luego de la muerte de Mahoma y fue clave en la recopilación del hadiz, los dichos o narraciones acerca de las palabras y hechos de Mahoma no incluidos en el Corán, pero esenciales para comunicar la ley islámica. Aisha no escribió el hadiz, pero lo transmitió, recopiló y verificó qué dichos eran ciertos. En muchos aspectos, Aisha es la persona más importante en el desarrollo del hadiz. Una mujer. Si hay una mujer atrás de algún escrito canónico en las tradiciones judía o cristiana, nunca escuchamos de ella. Aisha "tenía el oído de Mahoma", según Poppinga. Ella lo desafiaba en diferentes cosas. Discutió con los hombres acerca de qué debería escribirse. En determinado momento incluso reunió un ejército para vengar el asesinato del tercer califa. Ella guió las tropas desde el lomo de su camello.

Ermita de Mihrab: creando espacios femeninos

Mihrabs, los nichos de oración encontrados en mezquitas, orientan a los fieles a la Meca. Son unos hermosos espacios cubiertos de mosaicos elaborados, pero los *mihrabs* típicamente son para hombres; Hend dice que lo más común es que las mujeres oren en su casa. Los *mihrabs* que ella instaló en la galería son para y sobre mujeres. Hend no práctica la oración tradicional islámica porque siente que tiene demasiadas restricciones. Por ejemplo, la mujer debe usar velo para orar y Hend no quiere hacerlo. Sus espacios no se ven como restrictivos: son tanto reverentes como juguetones y suficientemente espaciosos como para organizar la fiesta de té de un niño, pero lo suficientemente íntimos como para sentirse como en el útero. Sus *mihrabs* representan la pasión de las diferentes mujeres musulmanas que Hend entrevistó (de Arabia Saudita, Siria, y Marruecos). Cada nicho tiene una alfombra de oración pintada a mano y una imagen central que refleja lo que cada una de las mujeres identificó como un elemento crucial de su identidad: *hermandad*, *maternidad* y *libertad*.

El arte visual está acompañado por una grabación de una voz femenina que canta el llamado a la oración tradicional islámico. Hend dice que todavía le suena extraño a sus oídos porque nunca se escucha el llamado cantado por una mujer; siempre es un hombre. Me imagino cómo escuchar esta llamada cinco veces al día me alejaría de mi computadora y mi teléfono y me recordaría estar agradecida.

Hend me cuenta acerca de la diosa adorada en la Meca

antes del surgimiento del islam. *Banat al-lah*, o las Hijas del Dios, eran deidades muy populares entre los árabes. Según ella, Mahoma no quería entrar en guerra o tener desacuerdos con las personas que amaban a Banat al-lah, así que, mientras negociaban, dijo que estaría bien si ellos seguían adorando a la diosa. Mahoma dice: "Estas son las grullas excelsas cuya intercesión es esperada", como si estuviera bien esperar por su intercesión. Pero luego Gabriel viene a decirle que, cuando él pronunció estas palabras, el diablo le estaba susurrando en el oído. Estos son los llamados *Versículos Satánicos*.

Varias biografías de Mahoma dejan asentada esta historia, pero al día de hoy la historicidad del incidente no es aceptado por la mayoría de los académicos musulmanes porque han determinado que la cadena de narradores que lo relatan no es confiable. La historia también es incompatible con la doctrina de infalibilidad profética: Mahoma comete un error. A Hend le gusta esta historia. Ella la ve como un signo que conecta a Mahoma con la divinidad femenina. Hend dice que la *Ka´aba*, el santuario sagrado de La Meca, es una mujer (así es como se le llama, en femenino). Hend describe la ceremonia donde el revestimiento de la Ka´aba se cambia. Una cortina de seda negra y oro llamada *Kiswa* la cubre. Cuando la Kiswa es reemplazada, el nuevo revestimiento se jala hacia abajo antes de que el antiguo sea retirado. Hend dice que tratan a la Kiswa como si fuera una mujer modesta, una mujer mayor consciente de sí misma o una joven novia tímida que no quiere que sea vea su piel desnuda mientras se cambia de ropa. Los árabes han estado haciendo peregrinajes a la Meca, circulando a la Ka´aba sagrada, mucho antes de los días de Mahoma. Desde hace tanto, que el significado original de los ritos se ha perdido. En vez de prohibir estas antiguas prácticas, Mahoma las reinterpretó para que la gente pudiera reconocer que el único Dios, el Dios de los cristianos y judíos, el Dios para todas las personas, siempre ha estado detrás de ellos. Según la visión de Mahoma, el lugar sagrado estaba donde Abraham empezó su familia arábiga.

Hend dice que no siempre le gusta la superficie del islam, pero le encanta lo que está por debajo. Cree en lo que está por debajo de la superficie.

Las tradiciones que rodean a la Ka´aba me recuerdan a las historias que rodean a las reliquias cristianas o a las ciudades sagradas, a la Navidad o a las Pascuas, yendo al caso. Hay tantas capas. Sabemos que la iglesia ha situado sus festivales más importantes en días coincidentes con las prácticas religiosas tradicionales: Epifanía en el día del festival de Isis, Navidad cerca del solsticio de invierno (cuando las personas celebraban el nacimiento del dios sol), Pascuas en el tiempo de las antiguas festividades de primavera. En vez de preocuparnos por cómo el significado monoteísta suplanta todos los vestigios perseverantes de significados indígenas, tal vez podríamos celebrar cómo la superposición de capas nos unen a nuestros ancestros y a los ritmos del planeta: a la migración de los pájaros, al florecimiento de los árboles, a la cantidad de luz de nuestros días. Nos recuerda que somos creaturas terrestres y que el amor de Dios, la deidad revoltosa detrás o debajo de todo, está presente en cada capa. Siempre vamos a estar un poco apagados, pero eso no quiere decir que Dios no esté ahí detrás, debajo, llegando a través de nosotros.

Hend promete dejarme saber cómo progresa su trabajo cuando haya nuevos mihrabs en exhibición. Quiero inclinarme ante ella (en lugar de estrecharle la mano cuando me la extienda) para honrarla por tomar pintura, papel, tela con pegamento y tijeras y crear estos espacios de madres, hermanas e hijas inmigrantes; por dar expresión física a esta necesidad tangible.

5 Fe y esfuerzo totales
Donde conozco a una académica musulmana feminista

El islam, en su corazón, es una religión del disenso. No se basa en una lista interminable de qué hacer y qué no hacer, sino que es variopinta y acepta abiertamente la multiplicidad.

—Asma T.Uddin

El islam es el primer feminismo.

—Anse Tamara Gray

La mujer a cargo de las relaciones islámicas en el Consejo de Iglesias en Minnesota me pone en contacto con Anse Tamara Gray. Gray es la fundadora de *Rabata*, una organización islámica "dedicada a promover el cambio cultural positivo a través del empoderamiento individual, la educación espiritual de mujeres por mujeres y el resurgimiento de la voz femenina en la erudición". No estoy segura de qué esperar cuando me reúno con ella en *Daylight*, la librería que dirige.

Cuando Anse Tamara (Anse es una palabra siria tradicional para decir "profesor/a") llega a nuestra cita, luce una hijab y jilab, una larga prenda azul marino que parece un impermeable. Adivino que su cabello podría ser rojo. La tienda está haciendo sonar música de *Mumford and Sons*. Está lleno de libros para niños, libros de escuela, libros de poesía y novelas. Hay un lugar para hacer té y sofás suaves para sentarse.

Anse Tamara creció como luterana en los suburbios de Twin Cities. Le pregunto si le molestaría hablar de cómo se convirtió en musulmana. Ella dice: "Para nada. Fue una crisis feminista". Se volvió una partidaria del empoderamiento femenino tan pronto como fue consciente de la inequidad. Su fe también fue importante para ella, pero el verano anterior a ser universitaria se dio cuenta de que ya no podía ser cristiana porque no podía adorar a un hombre. Mi corazón dio un pequeño salto al escuchar a alguien que lo pusiera de una manera tan práctica. Para ella, la crisis no fue una cuestión de enojo o rectitud: no quería abandonar su fe, pero cuando estudió los primeros concilios cristianos que establecieron los credos que forman las bases de la práctica y fe cristiana, la perturbó que todos los contornos de la fe cristiana fueran decididos por "un grupo de hombres sentados alrededor de una mesa".

No era que estuviera descartando voluntariamente su educación; estaba teniendo una crisis de fe. No quería vivir en el mundo sin fe, así que pensó que la única manera de salir de eso era aprendiendo. Empezó a ver todas las religiones que no fuesen el islam ya que sabía que era una religión opresiva con la mujer, por lo que no iba a tomarse las molestias. Pero dio con unos versos del Corán que encontró increíblemente igualitarios. En el Corán, ambos sexos son creados deliberada e independientemente. No hay mención a Eva siendo creada de la costilla de Adán. Y Adán es el primer pecador al igual que Eva. El Corán establece la igualdad entre hombres y mujeres. Sura 3:195: "No perderé de vista a la labor de quien trabaje en Mi camino, sea hombre o mujer; cada uno de ustedes es igual al otro".

Híperinteligente, extrovertida, articulada, se ríe a todo volumen y tiene una presencia muy grande que tal vez pueda intimidar. Tamara dice que descubrió que el patriarcado no era inherente al islam. De hecho, afirma: "El islam es el primer feminismo". Ella dice que, en sus primeras manifestaciones, el islam es una comunidad de igualdad. Los primeros años fueron revolucionarios para las mujeres.

El Corán, compuesto en el siglo VII, afirma los derechos de las mujeres que rara vez se reconocieron hasta el siglo XIX. Antes del islam, las mujeres eran tratadas como propiedad en el mundo árabe. El islam vino y cambió todo eso. El Corán estipula que las mujeres pueden tener sus propiedades, formar contratos, divorciarse, y tener voz y voto de con quién casarse. Mahoma insistió en que la educación era una obligación para los hombres y las mujeres. Tamara dice que en las regiones donde las mujeres islámicas eran oprimidas, tal trato es el resultado de normas culturales que han persistido *a pesar de* (más que *gracias a*) las verdaderas enseñanzas islámicas.

En el Corán ambos sexos son creados deliberada e independientemente. No hay mención a Eva siendo creada de la costilla de Adán. Y Adán es el primer pecador al igual que Eva. El Corán establece la igualdad entre hombres y mujeres

Después de estudiar el Corán y reconocer sus cualidades igualitarias, Anse Tamara dijo que ella estaba "desesperada en aprender". Pero no encontró inmediatamente un ambiente amistoso para las mujeres. Pensó que esas personas necesitaban aprender su religión.

Mientras muchas de las mujeres musulmanas con las que hablé dijeron que las esposas de Mahoma eran figuras femeninas

67

inspiradoras en su fe, Anse Tamara expresó que no estaba impresionada con las historias acerca de ellas. Ella ama que sean conocidas como las Madres de los Creyentes. Ama el rol que jugaron en la vida de Mahoma, pero cree que lo que está escrito acerca de ellas usualmente es plano; demasiado enfocado en lo buenas esposas que fueron. Cree que no son tan solo buenas esposas: son las primeras eruditas femeninas.

Tamara está entusiasmada en hablar de Agar. Y a mí me entusiasma que ella esté entusiasmada. Se inclina hacia adelante con los codos en sus rodillas, y las manos cruzadas delante de ella. Me mira intensamente como si estuviera por entregar un mensaje de profunda gravedad. Dice: "En esta tradición tenemos a esta mujer. Si cualquier hombre, mujer, o niño (especialmente hombre, pero quien sea) quiere completar los cinco pilares del islam, tiene que imitar a una mujer". La actividad de Agar es la cruz de *hajj* o el peregrinaje. No hay *hajj* sin Agar (sin su carrera de una montaña a la otra).

En la tradición islámica, la expulsión de Agar de la casa de Abraham no es un episodio de opresión femenina; es parte del plan de Dios para establecer un santuario en el desierto junto con rituales que los peregrinos seguirán mientras el mundo permanezca. Agar tampoco es una víctima. Tuvo que enfrentarse a la angustia y al peligro, como hacen la mayoría de los agentes históricos de Dios. Como los profetas de Dios, ella persiste, y así su nombre y memoria llegaron a ser parte de la historia y rituales sagrados del islam. Ella es Agar la creyente, la Madre, la Matriarca que se encuentra al comienzo de la historia islámica.

"Para Agar, correr puede haber sido su prueba", dice Tamara. "Una prueba análoga a la que pasó Abraham cuando le pidieron que sacrificara a su hijo. Agar queda en la Meca, sola con su bebé". En la tradición islámica, prosigue Tamara: "Ismael tiene un año y medio. Agar es abandonada pero tiene la capacidad intelectual para sobreponerse. En el desierto. Sola y sin nadie".

Tamara escoge sus palabras para describir a Agar delibera-damente. Dice que su accionar es "una expresión plena confianza y esfuerzo". He imaginado a Agar corriendo entre los montes en pánico, pero Tamara dice que es un esfuerzo muy calculado. No es frenético. Está buscando una caravana. Sabe que esta es la única manera en que ella y su hijo sobrevivirán.

Tamara dice que Agar es "una leona con su hijo", y agrega: "El vínculo madre-hijo es muy interno. Muy profundo. Una mujer podría dejar de buscar la caravana en el desierto si fuese simple-mente para ella sola, pero queriendo salvar la vida de su hijo, no se dará por vencida".

Agar, según Tamara, "no se enoja con Dios. Tampoco es pasiva. No espera pasivamente a que alguien más haga algo. Se da cuenta de que la única forma de sobrevivir es hallar una cara-vana. Participa en el proceso de "salvación", yendo y viniendo a las carrera desde un punto alto al otro". Tamara dice que esta es la metáfora en esta historia sagrada, el balance entre el esfuerzo y la confianza. "Ella tiene a un hijo que proteger. Está exhausta del esfuerzo pero no hay ninguna narración en la que sienta desespe-ranza. Como si se hubiese dado por vencida. Se sienta a la expec-tativa", dice Tamara. "Expectativa y curiosidad. ¿Qué va a pasar?".

No puedo imaginar sentir "asombro y curiosidad" si fuese abandonada sola en el desierto con mi hijo muriéndose, pero amo la imagen de una mujer con una confianza tan profunda que reco-noce no tener ninguna necesidad de atemorizarse: en última ins-tancia, de alguna manera, estará bien. "No temas, porque Yo estoy contigo". Sí, a pesar de "caminar a través del valle de las sombras de muerte" y ese tipo de cosas. Un balance de confianza y esfuerzo puede ser lo que los ayude a través de estos días.

Imaginen la confianza

"Todo musulmán en todo lugar", dice Tamara, "toma nota de lo que hizo Agar. Es una mujer que estableció el ejemplo de plena confianza y esfuerzo". Si mueres sin haber seguido alguna vez los pasos de Agar, tus hijos pueden hacerlo por ti. Si eres muy pobre, alguien puede hacer el hajj en tu nombre. Si no estás en el hajj porque ya te has ido, todavía celebras lo que los peregrinos están haciendo. Para que cada año estés hablando acerca de Agar, pensando en lo que hizo. Estás recordando su historia.

"Los peregrinos deben a imitar completamente. Totalmente. Desde una lente feminista", dice. "Esto es maravilloso. Si cometes un error en hajj, y no sigues bien a Agar, si no lo haces en la forma en que ella lo hizo, tienes que pagar. El dinero se destina para ayudar a los pobres. Es un asunto de empezar en el lugar correcto y terminar en el lugar correcto. Yendo a la velocidad que ella fue.

> *Si mueres sin haber seguido alguna vez los pasos de Agar, tus hijos pueden hacerlo por ti. Si eres muy pobre, alguien puede hacer el hajj en tu nombre. Si no estás en el hajj porque ya te has ido, todavía celebras lo que los peregrinos están haciendo. Para que cada año recuerdes su historia*

"De la forma en que los sauditas lo hacen ahora —para acomodarse a los peregrinos— no es como si escalaras realmente las montañas que Agar escaló, pero debes ir hacia arriba. Subir hasta la cima es lo mejor, pero al menos debes subir algunas escaleras", dice Tamara. Los peregrinos caminan a un ritmo normal hasta que alcanzan dos pilares verdes, que marcan una pequeña sección del camino por donde corren.

Cuando imaginé el hajj, visualicé las colinas del desierto y los caminos rocosos. Tamara me dice que no es tan así en estos días. Ahora, toda la ruta está pavimentada en mármol blanco y encerrada en túneles con aire acondicionado como parte de complejo de la Gran Mezquita. Me imaginé el pozo de Zamzam como un arroyo en el que la gente puede inclinarse a beber, pero realmente el agua del pozo se canaliza desde una planta potabilizadora, se embotella y se pone a disposición en refrigeradores en toda la mezquita.

Agar no es nombrada específicamente en el Corán, pero ella está presente como madre de Ismael. Comentaristas tardíos desarrollan su historia, añadiendo los detalles. Sumado al Corán, los musulmanes tienen el Tafsir (interpretaciones de versículos coránicos similares a los midrash judíos) y el hadith (la colección de historias orales originales que contienen los dichos de Mahoma y los relatos de sus actividades). También son historias respetadas.

Wafa, un dentista que conocí a través de la Sociedad Musulmana de América, me narra una de la historias de Agar. Cuando Abraham abandona a Agar en el desierto ella pregunta: "¿Nos dejas aquí?". Él no contesta. Ella pregunta de nuevo: "¿Así que realmente nos dejarás aquí?". Él no contesta. Finalmente, mientras él se va, Agar lo llama una última vez: "Oh Abraham, te pregunto por tercera vez ¿quién te ordenó que me dejaras en una tierra sin grano, sin ubres de vaca, sin gente, sin agua y sin provisiones?". Él dice: "Mi Señor me ordenó". Una vez que ella sabe que Dios está detrás de eso, según Wafa, lo acepta.

Ella está un poco incrédula, un poco demandante, como diciendo: "Abraham, tienes que estar bromeando conmigo, ¿ni ubres de vaca o agua u otras personas?". Tal vez no confiaba enteramente en Abraham, pero confiaba en Dios, dice Wafa.

Practicar ser agradecida

Tamara comenta que ha experimentado ambientes musulmanes que no son igualitarios, pero ella no quiere desempoderar a los hombres con su feminismo. Los hombres negros y los musulmanes (¡y los hombres negros musulmanes!) han sido desempoderados lo suficiente, dice. Ochenta por ciento de los países Musulmanes fueron colonizados. Ella describe lo que un hombre tiene que pasar en Siria, por ejemplo, simplemente para pagar la factura de la electricidad: sobornos, corrupción, negociaciones. Ella dice que no le haría ningún bien desempoderar a los hombres.

Tamara tuvo dificultades en hallar su lugar en las mezquitas de Minnesota cuando se convirtió por primera vez. Eventualmente conoció a una mujer que venía de una larga línea de académicas sirias. Con el transcurso del tiempo, Tamara se casó con el hermano de la mujer y se mudó a Damasco, Siria, donde vivió durante veinte años. Allí recibió entrenamiento clásico como académica islámica, estudiando los textos sagrados y materias que incluían jurisprudencia Shāfiʻī, teología islámica, ciencias coránicas, gramática arábiga, geografía del mundo musulmán, civilización y cultura islámica, historia islámica, y métodos clásicos de crecimiento espiritual. Para ella es importante rescatar lo alegre del islam, tanto como el cambio cultural significativo que está haciendo. Mientras que los musulmanes practicantes tal vez no escuchen a las académicas feministas entrenadas en el Oeste, es más probable que estén abiertos a su entrenamiento clásico. Tamara lleva adelante un seminario en línea que inscribe a cuatrocientas mujeres. Ha organizado talleres de narración de cuentos y reuniones de oración entre nativos y musulmanes para apoyar a los Protectores del Agua en Standing Rock. También enseña cursos académicos y lidera retiros espirituales.

Anse Tamara es cuidadosa en no hablar despectivamente de nada ni de nadie. Ni de su educación luterana, ni de los hombres islámicos, ni siquiera de Donald Trump ni de los de los efectos perjudiciales de la colonización. Para ella es más una cuestión de hechos. Los logros científicos, literarios, matemáticos, arquitectónicos, filosóficos y médicos a través de la historia islámica fueron vastos e innovadores. Algunos dicen que el mundo islámico, durante su época dorada, fue la primera civilización realmente universal que reunía académicos y artistas de todo origen étnico y religioso para avanzar en muchas disciplinas. Aun así, los colonialistas europeos, empezando por la invasión de Napoleón a Egipto en 1798, vieron a la sociedad musulmana como inferior, corrupta, y expresaron su desprecio de innumerables maneras. Casi todo país musulmán fue conquistado y colonizado por poderes extranjeros.

A menudo, los estadounidenses se desconciertan por la hostilidad expresa de algunos musulmanes por la cultura Occidental, pero el desprecio que los Occidentales han exhibido por la cultura islámica habita densamente la Historia.

Tamara y yo hablamos más de lo que habíamos programado. Le agradezco por su tiempo. Me recomienda algunos libros y dice que debería quedarme y echar un vistazo. Recorro algunas páginas de un volumen delgado con unas bellas fotos y algunas palabras. Es una especie de introducción al islam para personas que no están familiarizadas con él. Me detengo en las imágenes de un gran espectro de mujeres de muchas culturas con diferentes cabezales.

El texto señala que estos son todos cabezales islámicos. Una mujer nigeriana usa un pañuelo colorido, con un estampado africano impreso en negrita, atado alrededor de su cabeza. Hace juego con su vestido. Una joven mujer de Kazakstán modela un sombrero muy lindo, como el que unos misioneros le llevaron a mis padres cuando era niña. Nunca pensé en él como un cabezal islámico. Estoy segura de que mis padres tampoco, ya que me dejaban usarlo en la iglesia y en la escuela. Otra imagen muestra a una mujer de Bulgaria con una bufanda atada debajo de la barbilla, con un look de Europa del Este.

Ver estas imágenes después de hablar con una devota musulmana feminista me hizo dar cuenta de cuán poco sé sobre muchas cosas y cuán importante es recordarlo.

El texto entre las fotografías reza "Muestras públicas del cuerpo pueden enriquecer la moda y las industrias cosméticas, pero son opresivamente marginalizadoras para la vejez y para todos los que fallan físicamente en dar con la talla de las imágenes actuales de perfección. En este sentido, la modestia es vista como liberadora más que como opresiva". Por un momento, deseo un hijab para mi próximo cumpleaños. No he encontrado que exista demasiado acerca del envejecimiento del cuerpo femenino. Las actitudes son opresivas. Escucho a las personas hablar sobre eventos o iglesias donde hay "muchas viejas". (todos sabemos lo que eso significa). Me lo he hecho a mí misma. En mi cultura, las mujeres maduras en general no son consideradas personas importantes y poderosas (aunque hay excepciones: si eres Helen Mirren o Ruth Bader Ginsberg). Pero, mirando las imágenes de todas estas mujeres musulmanas, muchas de culturas que honran a los mayores, me conmovió reconocer la variedad de liberaciones que puede implicar el practicar la fe.

6 Iftar
Visitando una mezquita con mi hija

La próxima vez que alguien la vea en hijab, *ella concluye,*
"No me mires compasivamente. No estoy bajo coerción
ni soy una mujer que adora a los hombres, cautiva de
esos bárbaros árabes del desierto. He sido liberada".

—Sultana Yusufali

La escucha generosa está impulsada por la curiosidad,
una virtud que podemos invitar y nutrir en nosotros
mismos para darnos a su instinto. Implica una especie
de vulnerabilidad, una disposición a ser sorprendida,
para dejar ir las suposiciones y acoger la ambigüedad.

—Krista Tippet

Taking Heart es un programa en Twin Cities que comenzó en 2005
para reunir a cristianos y musulmanes con el fin de que se conoz-
can durante una comida. Los musulmanes invitaron a no musulmanes a sus mezquitas y espacios comunitarios para compartir
una comida nocturna que corta el ayuno de Ramadán: una cena
Iftar. Olivia y yo planeamos ir juntas a una, pero como usualmente

es el caso con una hija de diecisiete años, cuando realmente es la hora de ir, se siente como si yo la hubiese obligado. Se pone los auriculares la hora y media de viaje en auto.

Estacionamos junto a la mezquita ubicada en un edificio de pinta anodina y corporativa en un parque de oficinas industriales. Ilógicamente estaba deseando un alminar.

Después de ser cortésmente recibidas por una mujer mayor y un hombre amable y de sentir la alfombra lujosa, afelpada y bonita debajo de nuestros pies —luego de que cinco o más personas corrieran ansiosa y hospitalariamente por encontrarnos una silla— me encuentro gratificada de que Olivia se incline y me susurre al oído que está feliz de estar aquí (más tarde me dice que el llamado a la oración fue tan hermoso que le arrancó algunas lágrimas, y que "la forma en que las personas dijeron *Alá* fue muy reveladora, tan musical…").

Después de la oración, un joven da una presentación para los visitantes acerca del Ramadán. Me recuerda mucho a casi cualquier líder evangélico de grupo de jóvenes: entusiasta y sincero, envuelto en un manto de buena onda no muy convincente. Más carisma que gravedad.

El muchacho cuenta un chiste de sexo muy soso. Está hablando de lo que se ayuna durante el Ramadán —comida, bebida y coito— desde el amanecer hasta la puesta del sol. Dice que todas estas son necesidades, pero obviamente el abstenerse de ellas es más difícil para algunas personas que para otras, y luego se contonea y levanta las cejas. No es una broma muy graciosa, pero todos se ríen. Se siente como en la iglesia.

Me gusta cuando habla sobre la práctica de orar cinco veces por día. Lo llama meditación. Le recuerda que Dios está presente donde quiera que esté, le recuerda que esté agradecido. Cuenta que mucha de la práctica del islam (siempre diciendo "voluntad de Dios" o "Inshallah", siempre agradeciendo a Dios) son formas de estar atentos a la continua conexión entre uno mismo y Dios. Dice que Ramadán es acerca de cultivar gratitud, atención y generosidad.

A continuación habla sobre la misericordia divina. Dice que en el islam hay noventa y nueve nombres para Dios que enfatizan sus características más relevantes, y que el más importante es "Dios el misericordioso". La misericordia de Dios es enfatizada por sobre todos los demás aspectos.

Él dice que durante Ramadán, Satán está ausente y los demonios están encadenados. No estoy segura de qué quiere decir, pero me gusta imaginar que puede haber un momento del año donde la gente no está influenciada por la avaricia o el egoísmo. No parece una mala práctica, pienso. Es como si todos pudiéramos estar ocupados mientras los demonios están encadenados. Tenemos este momento de libertad.

Cuando es la hora de comer, Olivia lidera la fila. Normalmente, podría quedarse atrás en una situación desconocida, pero tiene hambre por el ayuno, lo que la hace atrevida e intrépida. Es una faceta de ella que me gusta ver. Una de las jóvenes que sirve arroz y pollo tiene unos jeans, una hijab, y una camiseta que dice *Legit Hijabi*. Olivia la elogia. La muchacha la estira para que la veamos mejor y dice que le gustan las uñas de Olivia, que están pintadas de un rojo brillante.

Hay muchos visitantes; la mayoría, mujeres. Olivia y yo nos sentamos en una tabla con tres mujeres mayores, que son amigas a través de la iglesia. Zamzam, de la mezquita, que es casi de la edad de Olivia, y Nancy, una maestra de primaria jubilada con el pelo rojo teñido y su lápiz labial corrido. Nadie tiene intenciones ocultas. La conversación es simple. Nancy bromea con Zamzam sobre que, al menos, ella no tiene que preocuparse por los días de mal cabello. Zamzam se ríe. Ella está usando una bufanda de tela verde esmeralda con flores doradas luminiscentes. Dice: "Bueno, realmente tengo un gorro que dice 'Mal día de Hijab'". A veces es difícil fijar bien el hijab, por lo que se pone el sombrero sobre él.

Todas en la mesa tienen recuerdos de cuando las mujeres en sus iglesias usaban sombreros o pequeños pañuelos para cubrir sus cabezas. Nancy dice que fue a una boda en una iglesia católica hace solo tres años donde las mujeres cubrieron sus cabezas.

Muchas jóvenes musulmanas eligen usar hijab como una rebelión en contra del capitalismo consumista, con su objetivización y mercantilización del cuerpo femenino, según Katherine Bullock en su libro *Rethinking Muslim Women and the Veil*.[1] Ven al hijab "como una herramienta empoderadora de la resistencia".

Le pregunto a Zamzam sobre su nombre y me cuenta acerca del pozo de Agar. Me dice que puedes comprar agua de Zamzam en las tiendas musulmanas aquí en Minnesota. Algunas personas dicen que si rezas mientras la tomas, tus rezos serán contestados. Se supone que satisface tu sed y hambre. Ella dice que bebió una vez y que no tuvo hambre, pero no está segura. No está completamente segura de que sea verdad —que el agua tenga esos beneficios—, pero tampoco está convencida de que sea falso.

Zamzam y Olivia hablan de la escuela y de la tarea. Zamzam quiere estudiar algo en la universidad que la habilite a hacer algún bien en el mundo, como ayudar a su comunidad, pero también quiere ayudar a mantener su familia.

Olivia subraya que las mujeres realmente parecen estar a cargo de la mezquita. Cuenta que le gustó que el joven que hablaba siempre optara por consultar con una de las mujeres mayores cuando no podía responder a una pregunta. Zamzam nos dice que no hay una jerarquía real en la mezquita. Varias personas lideraban la oración. Dice que hay un imán, pero que nunca supo qué era con certeza hasta hace poco.

---

1 Puede traducirse como *Repensando a las mujeres musulmanas y al velo*.

Cuando terminamos de comer, nos sacamos fotos juntas. Zamzam y Olivia decidieron seguirse en Instagram. Durante esta conversación entre mujeres, nunca tuve la sensación de que nuestra diferencia en cuanto a nuestras creencias fuese un problema apremiante. Estábamos curiosas unas de las otras y teníamos poco interés en el debate. Mi padre admite ser un islamófobo. Me pregunto si alguna vez tuviese la oportunidad de adorar con musulmanes, comer con ellos, o tener una conversación con un musulmán, encontraría que su miedo se desvanece.

Encontrando espacios

Encontramos nuestro lugar en la Escritura incluso si esto implica luchar con algo que está por debajo de la superficie. Tal vez, a veces, todo sucede en un *flash*, algunas veces disruptivo. Tal como Agar estableció una comunidad en una tierra árida, hacemos espacios para nosotros con plástico y pintura: nuestros propios nichos de oración, un seminario de mujeres, y una librería.

El legado de Agar no es un paquete ordenado—está en expansión. Pero estoy agradecida de tener a esta matriarca para poder pensar en ella cuando pienso sobre la fe: la imagen de la madre corriendo de arriba para abajo entre las colinas para encontrar agua para su hijo sediento. Me puedo relacionar mejor con esto que con la imagen del padre dispuesto a matar a su propio hijo para su dios.

El legado de Agar no es un paquete ordenado; está en expansión. Pero estoy agradecida de tener a esta matriarca para poder pensar en ella cuando pienso sobre la fe: la imagen de la madre corriendo de arriba para abajo entre las colinas para encontrar agua para su hijo sediento. Me puedo relacionar mejor con esto que con la imagen del padre dispuesto a matar a su propio hijo para su dios

Tal vez es porque los musulmanes tienen una matriarca tan prominente como Agar, que el lugar de la madre en el islam a menudo sobrepasa al del padre. "Mentiras del paraíso a los pies de la madre", dice Mahoma. Hay una historia en el hadiz donde a Mahoma se le pregunta: "¿Quién debería ser mi compañía más importante?". Mahoma responde: "Tu madre". "¿Y después quién?", pregunta el inquiridor. Mahoma reitera: "Tu madre". Entonces, pregunta el discípulo, "¿Quién después de ella?". Mahoma dice: "Tu madre". Mahoma solo menciona al padre en cuatro ocasiones.

Sé que nada es tan poco complicado, pero concentrarte en la madre puede cambiar el modo en que leemos nuestras historias sagradas y hacer un camino cuando parece que no lo hay.

Parte tres

Ester

7 La historia bíblica
La heroína judía que reclama Eros

> Por lo que concluyo que el enemigo no es el lápiz labial, sino para culpa misma; merecemos al lápiz labial, si lo deseamos, y la libertad de expresión; merecemos ser sexuales y serias o lo que sea que nos plazca. Tenemos derecho a usar botas de vaquero para nuestra propia revolución.
>
> —Naomi Wolf

No pasa tan seguido, pero cuando sucede creerías que podría estar preparada. Alguien me pregunta quiénes son mis modelos a seguir. Quedo en blanco, me da algo de pánico y luego nombro alguna escritora o teóloga que amo. La verdad es que no tengo modelos a seguir.

Las personas son asombrosas, locas, admirables, y capaces de cosas hermosas y terribles (cada uno de nosotros). Aprendo más de lo que jamás podría decir de escritores y académicos bíblicos y de mis amigos, maestros, parientes e hijos, de mis gatos y perros e incluso de animales salvajes pero, ¿modelos a seguir? Es mucha responsabilidad para imponerle a una persona. Todos brillamos y todos fallamos. Usualmente no nos comportamos de la mejor forma. La mayoría de nosotros no resistimos a una mirada escudriñadora. Es parte de lo que significa ser humanos necesitados de la gracia de Dios.

Modelo a seguir no habría sido una expresión que los autores bíblicos estuviesen diciendo por ahí. El término fue acuñado en los setenta por el sociólogo Robert. K. Merton. La idea era que, para ser exitosas en sus carreras, las mujeres y las minorías necesitaban modelos a seguir, es decir, ejemplos de personas como ellos que hayan tenido éxito. La idea del modelo a seguir puede que tenga sentido como un concepto del siglo XX para las personas que están buscando el acceder a la equidad en el lugar del trabajo, pero no es un gran marco para llevar a la literatura bíblica.

Los personajes de la Biblia pueden revelar una verdad acerca de la condición humana o lo que es ser un humano en relación con Dios. Por momentos son inspiradores, pero ¿son figuras que debemos emular? David durmió con la mujer de otro hombre y luego lo hizo matar. Ezequiel comió un pergamino y se acostó de su lado izquierdo durante trescientos noventa días. Oseas nombró a sus hijos "No amado" y "Mi Pueblo No". Los discípulos traicionaron a Jesús en su hora más crucial. Los personajes de la Biblia son humanos asombrosos y terribles.

La ley nos ayuda a saber cómo vivir en relación con Dios y unos con otros. Los profetas nos exhortan a volver a la relación cuando fallamos. Los personajes de la Biblia nos muestran cuán sorprendentemente complicado puede ser el camino.

Las personas han estado juzgando a Ester durante mucho tiempo. Ella no resiste lo suficiente al ser llevada a un harén. Esconde su identidad judía. O es muy sexy o no es una buena feminista. Puede que no resista perfectamente bien el estar bajo escrutinio, pero necesitamos de una matriarca como ella: una matriarca que no es madre, que no salva a sus hijos sino a su pueblo. Una matriarca que tal vez no sea una líder natural, pero

84

que actúa en un momento crucial, incluso más allá de sus propias expectativas, a través de medios no autorizados, para mantener a salvo a su pueblo de la destrucción. Y hace esto en un mundo donde Dios está escondido y aparentemente en silencio. Ella no es como un héroe, tal vez, pero en el medio de una violenta opresión puesta en marcha por hombres tontos, ella actúa con valentía. La necesitamos.

Muñeca Barbie o profetisa

El número de veces que los hombres quisieron sacar a Ester de la Escritura me hace quererla aún más. El libro de Ester es el único de la Biblia hebrea que no se encuentra entre los Rollos del Mar Muerto. Algunas personas especulan que esto se debe a que la comunidad de Qumrán la habría menospreciado por haberse casado con un persa (y podría ser, porque eran ascetas sin humor). Por ochocientos años el cristianismo no dijo nada acerca del libro. Juan Calvino no la incluyó en sus comentarios bíblicos. Martín Lutero dijo: "Soy un gran enemigo para Ester. Ojalá no nos hubiera llegado en absoluto". El sintió que era muy "judaizante" y que tenía demasiadas "travesuras paganas".

Los rabinos, por otro lado, no podían parar de hablar sobre ella. Comentaron sobre el libro de Ester más que cualquier otro libro en la Biblia además de Génesis. Algunos de los comentarios eran argumentos sobre si se debería incluir en la Escritura. Un grupo de rabinos creyó que tenía menos santidad que otros libros, mientras que otros los reprendieron por esto. En un punto en el Talmud, Ester sale de las páginas y de las Escrituras y da sus propios argumentos, demandando que los rabinos "me conmemoren por las generaciones futuras". Se resisten, pero ella insiste en un claro desafío a la autoridad de los rabinos que luego le da la victoria. Esta es una de las cosas buenas que pasan en el midrash. Los intérpretes rabínicos no tienen miedo de cuestionar su propia autoridad o de no estar siempre de acuerdo. Su manera de buscar la verdad es muy diferente a la que concibe la tradición cristiana occidental. La verdad no es tan estática o singular. Se encuentra en la discusión o conversando y haciendo preguntas.

En el seminario aprendí que la meta de la interpretación era no cuestionar el texto sino descubrir el significado pretendido por el autor. Uno podría preguntar acerca del género o el contexto histórico, pero no tanto acerca de los huecos en la narrativa. Había un límite de tipos de preguntas que eran apropiadas para determinado texto. No éramos alentados a leer el texto creativamente. De los rabinos aprendí a aproximarse al texto con una curiosidad sin trabas ¡Imagina a Ester saliendo del libro y peleando con los rabinos!

En definitiva, Ester se asegura su lugar en el canon y más: aparece en el Talmud como la última de las siete profetisas, aunque en realidad nunca recibe un mensaje directo de Dios.

Maimónides, filósofo judío sefardí medieval y principal comentarista sobre la Tora, dice que en la era venidera, cuando la luz del Mesías brille sin obstrucciones, cuando los libros de los profetas y otras escrituras sagradas hayan sido suspendidos y cuando cesen de ser leídas en público, el rollo de Ester continuará teniendo vitalidad. Los problemas antiguos ya no serán recordados, pero los días de Purim, el festival de Ester, seguirá celebrándose hasta el infinito.

Apenas trece versículos del libro de Ester aparecen en Leccionario Común Revisado. Y estos son leídos solamente una vez en un ciclo de tres años. Las comunidades judías, por otro lado, leen el libro en su totalidad cada año en el festival de Purim. Últimamente, los cristianos han estado tomándole cariño a Ester, esto si el número de libros de editoriales cristianas es de alguna forma una medida de ello. Tales libros incluyen las Biblias de estudio para mujeres y adolescentes, libros de autoayuda, y novelas románticas basadas en la historia de Ester. En la campaña presidencial del 2008, Sarah Palin, nominada a vicepresidenta, reivindicaba a Ester como modelo seguir. Así como Ester, ella se veía como parte de una minoría religiosa perseguida, cuyo tiempo había llegado para salvar a su nación de la corrupción. La apropiación evangélica de Ester se ha convertido en algo tangible.

Este aumento de interés puede ser parte del porqué una rabina a quien contacto no quiere hablar conmigo. Le pregunto si su nombre se debe al Ester bíblico. Ella dice que no, que ella se llama así por su abuela. Dice que no

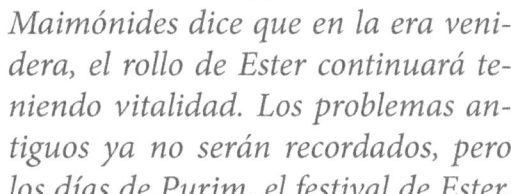

Maimónides dice que en la era venidera, el rollo de Ester continuará teniendo vitalidad. Los problemas antiguos ya no serán recordados, pero los días de Purim, el festival de Ester, seguirá celebrándose hasta el infinito

está interesada en Ester ni tampoco piensa que es un personaje importante. Para ella, Ester es como una Muñeca Barbie judía o una Princesa de Disney judía. Dice que no es una académica bíblica, que no sabe muchísimo sobre Ester y que otras personas tal vez lo sientan diferente, pero que, para ella, Purim son unas vacaciones para niños, sin importancia.

El rabino Alan Shavit-Lonstein, en cambio, piensa que Ester es una gran heroína para las pequeñas. Shavit-Lonstein es el fundador de una organización interreligiosa en St.Paul y un genio certificado de la Apple Store. Me encontró al almuerzo después de una larga mañana de ayudar de las personas con sus iPhones. El dice que las niñas pequeñas comienzan a amar a Ester cuando están en su fase de princesa. "Ella tiene todos los elementos: belleza, corona, vive en un palacio atendido por eunucos. Pero también es una actriz política increíblemente positiva". Es un ejemplo poderoso de alguien que arriesga su vida para actuar frente a la injusticia. El meme de Elizabeth Warren estaba en boga por esos tiempos. El rabino Alan dijo: "Ester es como Elizabeth Warren: ella viola las reglas. Es advertida y, sin embargo, persiste".

Más Beyoncé que Betty Friedan

Estuve pensando en Ester como la vampiresa de la resistencia, un cuento verdaderamente alternativo para el gusto del canon. Agar es una matriarca determinada; el rol de Ester en la revolución es diferente. Su nombre es un derivado de *Ishtar*, que es, después de todo, una diosa del amor. Después de leer su historia, un joven escritor de mi iglesia dijo: "Debe haber sido la mejor amante de todo el mundo". Salvó a su pueblo de la amenaza de aniquilación gracias a, según lo que el texto sugiere, satisfacer sexualmente al rey. No estoy segura de querer que todas las jóvenes de nuestra iglesia estén dispuestas a seguir sus pasos, pero qué revés más interesante para una santa promedio. Ester abraza lo erótico.

La necesitamos en nuestro triunvirato por todas las amantes de lápiz labial que lucen tacones altos y son defensoras de la antivergüenza del sexo, y del sexo como algo positivo; por aquellas que están buscando alivio de sus estructuras patriarcales sobre la sexualidad femenina; por toda mujer que alguna vez ha sido llamada puta. Es sorprendente y refrescante conocer a tal mujer en las páginas de nuestro libro santo.

Lo inverso ocurrió

Estoy feliz cuando el Rabino Adam Stock Spilker del Templo Mt. Zion en St.Paul me da la bienvenida para asistir a un estudio de libro sobre Ester que está dirigiendo a su congregación. Después del estudio habrá un recitado de Purim, una dramatización cómica de la historia de Ester. Mt. Zion llama a esta dramatización *Ester: Un musical persa*. Es una parodia de *Hamilton*, el gran musical de Broadway. Definitivamente estoy interesada. Aunque mi encuentro con los métodos de interpretación judíos han sido transformadores de vida, nunca estuve realmente en una comunidad judía de estudios bíblicos.

Cuando paso al salón de clase, que se parece más a una sala de conferencias con una mesa enorme en el medio, conozco un montón de gente animada e intergeneracional. El rabino está usando pantalones azules, medias blancas, zapatos puntiagudos, chaleco, corbata y peluca

Necesitamos a Ester en nuestro triunvirato por todas las amantes de lápiz labial que lucen tacones altos y son defensoras de la antivergüenza del sexo, y del sexo como algo positivo; por aquellas que están buscando alivio de sus estructuras patriarcales sobre la sexualidad femenina; por toda mujer que alguna vez ha sido llamada puta.

(como Thomas Jefferson o algún otro caballero colonial). Alguien lleva un carro con rueditas cargado de botellas de cerveza de Sam Adams para ir con la corriente del tema de *Hamilton*. El rabino nos entrega algunas páginas con notas tituladas *Un estudio festivo pero bastante serio*, que lo resume bastante bien, aunque lo que reina es el ambiente festivo.

Un hombre mayor con buen humor que viste unas sandalias Birkenstocks y moño, viene al lado mío. Se presenta y pregunta si me puede traer una cerveza. Después de recibir la bebida, levanto las manos y digo: "¿No es todo muy loco?". "Tal vez", responde. "Podemos fumar, también". La mujer que está al lado mío dice que vino a Purim caracterizada como Reina Ester por años, usando un vestido elegante y muchas joyas. Este año su atuendo es minimalista: un sombrero lleno de flores y bordado con pequeñas luces parpadeantes multicolores, como la gente usa en conciertos y *raves* (creo. Nunca he estado en una *rave*). Me gusta este contexto para estudiar la Biblia.

El rabino comienza: "Ester no es un libro simple. Mientras más tiempo pasas con él, más complejo se vuelve —en profundidad, significados, capas— cada vez que piensas que lo entiendes, hay un poco más. Pero al final del día es una comedia, una farsa que pretende provocar risa en la audiencia". Él piensa que Ester 9:1 resume el libro entero: "Lo inverso ocurrió".

En el día que los judíos esperaban que sus enemigos los dominaran, sucedió lo opuesto: su aflicción fue transformada en risa. El libro instituye la festividad de Purim, que es tanto una celebración de supervivencia, dice el rabino, como un día para romper las reglas. Relata que tiene mucho en común con el Carnaval y otras festividades antinómicas donde el orden imperante es desafiado y se derroca al status quo. Dice: "Somos personas muy obedientes de la ley, pero no podemos serlo todo el tiempo. Los judíos obedecen la ley todo el año y luego, en Purim, nos soltamos un poco".

Y ese es el motivo de la cerveza, los atuendos y el tabaquismo (que en realidad nunca sucede). Cuando Sarah Palin se identificó como un tipo de Ester, no creo que estuviese pensando en una subversión estridente.

La Escritura puede ser graciosa

Nunca escuché en la iglesia bautista, que el libro de Ester fuese gracioso (aunque ahora es difícil no considerarlo cuando leo la historia). Me pregunto si eso es en parte porque Ester fue ignorada por tanto tiempo en el cristianismo, como si no pudiéramos lidiar con la idea de que la Escritura puede ser graciosa.

Una de las críticas más penetrantes de Nietzsche hacia el cristianismo fue que los cristianos eran personas sin gozo. Paul Tillich dijo que casi abandonó la fe por las mismas razones. La Biblia es una compilación de cuentos, poesía e historia cuestionables acerca de un Dios enigmático pero con gracia que busca relacionarse con humanos: criaturas importantes por sí mismas que fluctúan perpetuamente entre grandeza y vergüenza; mamíferos que gastan una cantidad exorbitante de tiempo y recursos tratando de convencerse a sí mismos y a los demás de que son alguien más que no son (radiantes, divinos, sin fallas, inmortales o inocentes). Seguramente, toda la premisa de la Biblia se preste al humor según la ocasión. Los comentarios cristianos no suelen verlo de esta forma.

El libro de Ester puede ser el ejemplo más deslumbrante de comedia en la Biblia, pero no es el único relato gracioso. Balaam se encuentra con un burro que habla. Jonás hace un berrinche bajo su pequeño arbusto. Tobías es cegado por un pájaro que le hace caca en el ojo. Jesús usa la hipérbole, el sarcasmo y la ironía. Es un hombre con osadía. A veces me pregunto si estaba bromeando cuando llamó a Pedro la roca sobre la que iba a ser construida la iglesia. La roca se hunde cuando cree que puede caminar sobre el agua y se desmorona en traición en un momento crucial. Hay algo de trágico en ello, por supuesto, pero quizás algo de comedia también.

Las lecturas rabínicas son más juguetonas que las que se encuentran en, por ejemplo, la Biblia de los Nuevos Intérpretes en la tradición Cristiana. Avivah Zornberg dice: "El midrash nos invita a leer al texto con el más verdadero —esto es, con el menos convencional, trivial o siquiera piadoso— de nuestros entendimientos". Crea el espacio para lecturas honestas, inquisitivas e imaginativas más que imponer un sentido adormecedor de prohibición. La historia de Ester es graciosa, pero si la lees piadosamente, te lo puedes perder. Tal vez a Calvino y a Lutero no les gustaba demasiado porque se ríe de los hombres. En un intercambio de correos electrónicos que tuve con el Rabino Rob Cabelli, un capellán de Grinnell College, él escribió: "El aspecto cómico de la historia de Ester subraya verdaderamente, a través del teatro de lo absurdo y a través de la *comedia negra*, cuan tontos son los hombres, en su egotismo, inseguridad insoportable y pomposos olvidos". Hay un lugar para eso en el libro "santo". Tal vez los compiladores del canon sabían esto. Para el tiempo en que atravesaríamos Josué y Jueces, Samuel y Reyes, Esdras y Nehemías, íbamos a necesitar reírnos de las pretensiones de hombres importantes.

Después de esos hombres tan importantes viene un libro sobre una mujer quien, sin la ayuda de su padre, hermano o esposo; sin ser pura, santa o virgen se para en el ojo de una tormenta motivada por el ego, ridícula, provocada por el hombre, casi catastrófica, y actúa para salvar a su gente de la destrucción.

No es tu típica santa

Ester no se conduce como alguien celosa de la ley de su pueblo, pero se convierte en una heroína judía. No surge de circunstancias desagradables rodeadas de flores blancas de pureza como la Santa Agnes Católica, que fue arrojada a un burdel pero permaneció, milagrosamente, inmaculada. Ester decididamente no es una heroína *monjil*. No es la clase de mujer que la tradición cristiana alzó como ejemplo de virtud femenina. Ella se distingue como el miembro más deseable del harén. Su belleza y sexualidad son esenciales en esta historia. No se levanta a la noche a cocinar para su familia o para cuidar a los niños.

Ester es un cuento popular más que una historia; una farsa sin tiempo llena de hombres portándose mal. El rey del Imperio Persa, el rey más grande del mundo jamás conocido, según el libro de Ester, es un bufón ineficaz y pomposo, rodeado de un grupo de asesores que complacen su ego.

En los primeros capítulos del libro, él está organizando una fiesta de seis meses absurdamente lujosa para que todos sepan lo rico que es, para mostrar "las riquezas de su gloria real y el esplendor y pompa de su majestad". Tenía sofás especiales hechos de oro y plata para que sus invitados se sienten y copas de oro para que beban. El vino corría libremente. Tal vez había otras drogas involucradas (no queda claro cómo alguien puede sostener seis meses una juerga de borrachos). Para rematar el extravagante desenfreno, el rey alcoholizado convoca a su reina, Vasti, para que desfile en frente de sus invitados usando nada más que su corona. Ella se niega. Aunque apenas tenemos la oportunidad de conocerla, la rebeldía de la Reina Vasti le da un lugar especial en el corazón de muchos lectores. Su negación enfurece, humilla y desquicia al rey y causa miedo en los corazones de todos los hombres del palacio. Ellos temen que si las mujeres ven a Vasti salirse con la suya en su disenso, el patriarcado podría derrumbarse: causaría que todas las mujeres miraran con desprecio a sus maridos. Así que hicieron desaparecer a Vasti e inmediatamente se emitió un decreto que demandaba que toda mujer debía tratar a su marido con respeto.

Cuando invitamos a nuestra sabia obispo, Patricia Lull, a predicar de Ester a House of Mercy, quedó en claro que el aspecto cómico del libro no se le había escapado. Cuando leyó los versículos acerca del edicto para reforzar el buen comportamiento de las mujeres, la congregación rompió en risas. La emisión de tal edicto era ilógica.

Mark Driscoll, otrora pastor de Mars Hill Church en Seattle, cree que Ester es un libro histórico. Describe al rey en una serie de sermones del libro de Ester. Dice: "Todo lo rico, poderoso, y genial que alguien puede ser, él lo es. Ese es Asuero: palabras mayores. Es un hombre apuesto. Así que, señoritas, cualquiera que sea su imagen de un tipo realmente guapo, ese es Asuero". Opina que Asuero era un hombre asquerosamente rico, pero cree que a cualquiera que se le diera el poder era como él. "Cuando no hay ninguna mujer ni regla establecida, los hombres se convierten en animales, ¿amén?".

Prefiero más la versión de los *Cuentos de la Verduritas* acerca del rey, ya que está en sintonía con el espíritu del libro de

Ester. En la versión, Asuero es un calabacín tonto que habla con la voz soplona de un pensador lento, tiene un rociador para refrescar su aliento, y se mira a sí mismo en el espejo. No es para nada tu playboy poderosamente guapo. Su pequeño secuaz (un vegetal indeterminado) claramente es el que decide las cosas. En la versión de los *Cuentos de las Verduritas*, Vasti es esfumada por rehusarse a hacer el sándwich del rey a las 3 en punto de la mañana.

El surgimiento de las mujeres contra la supremacía

El Rabino Spilker, en el libro de estudio de Mt. Zion, señala que el libro tiene paralelos con la historia de José que se encuentra en Génesis. Ambos tratan de personajes que viven fuera de Israel. Dios no habla de manera directa en ninguna de las dos historias. De los dos personajes se nos dice que eran excepcionalmente hermosos y que ambos actúan para salvar a su pueblo. Klara Butting, una académica bíblica alemana, reflejando estos paralelos, sugiere que estaría "bastante en lo correcto asumir que las mujeres tomaron parte en la composición de este *volver a contar* la historia de José", al reconocer la necesidad de que las viejas historias sean contadas de nuevo si iban a continuar teniendo sentido para las generaciones cambiantes.

"Podemos imaginar", escribe Butting, "que el libro de Ester revela una protesta en contra de la ruptura y el silenciamiento del poder femenino. Muestra que el levantamiento de las mujeres en contra de la supremacía y opresión es esencial para mantener a salvo a generación tras generación de caer en los mismos patrones de violencia contra las mujeres/ violencia en contra del pueblo judío". La historia une la lucha en contra del poder sexista y la lucha por la liberación del pueblo judío de la amenaza antisemita, según Butting. Es el levantamiento de las mujeres en contra de la supremacía es esencial. Claro que es así.

Una de las mujeres más bellas jamás creadas

Después de que la furia del rey contra Vasti se calma, Asuero se encuentra malhumorado y solitario. Los subordinados del rey sugieren que tal vez un harén de las más bellas vírgenes podría ayudarle a sentirse mejor. Ellos reunirán a las vírgenes desde muy lejos. Cada noche, una chica diferente iría hacia él. La que más le guste, será la nueva reina. Esto alivia el ego dañado del rey (¡imaginen eso!). Ester, una huérfana judía criada por su tío, Mardoqueo, es una de las chicas convocadas. Sin embargo, antes de que las jóvenes pudieran entrar a la aposento del rey, debían emprender un año de régimen embellecedor supervisado por eunucos —un año de exfoliación, humectación y perfumado— para deshacerse de toda fragancia natural. Todo esto resulta tan exasperante, si no fuera porque es tan exagerado, que termina siendo cómico.

Una versión griega de Ester tiene una impresión totalmente diferente a la hebrea (la puedes encontrar entre los libros apócrifos del Antiguo Testamento como *Adiciones a Ester*). En la versión griega no es ninguna comedia. El narrador entrega su lección en un tono serio. La versión hebrea está destinada a que te rías de los reyes, la pomposidad *goy*, y los egos enormes.

Después de que los eunucos del rey pasan un año humectando y perfumando a cada virgen, finalmente están listas para entrar al aposento del rey en su gran noche. Si la virgen no "complace" al rey, nunca es convocada otra vez. Pero Ester logra complacer al rey tanto más que las demás vírgenes, que él pone la corona real en su cabeza. Probablemente, una mezcla de belleza y habilidad. El midrash habla de Ester como una de las mujeres más bellas jamás creadas. Permaneció eternamente joven, según la leyenda. La historia cuenta que, cuando se casó con el rey, tenía al menos cuarenta años, y tal vez ochenta, según algunos. No creo que el concepto de juventud eterna alguna vez sea de ayuda para alguien, pero pensar en una Ester de ochenta años es más satisfactorio (una venerable tramposa que ha visto mucho en su vida es mejor que una joven ingenua).

La identidad judía de Ester permanece oculta del rey. El rabino Spilker señala que incluso esto es bastante cómico, porque su primo es el conocido Mardoqueo-el-judío. Es todo un solo nombre (evidencia adicional de que el rey es más despistado que despiadado). Parte de la farsa de Ester es vista como una improbable trama. A pesar de que Mardoqueo es conocido como Mardoqueo-el-judío, nadie sabe que su prima Ester es judía. La farsa funciona con algunos de estos elementos irracionales o irrazonables.

Hombres que se comportan mal

Después de que Ester está asentada en el palacio, conocemos a un villano malvado: Amán. El rey es como un bufón ineficaz. Aman es un bufón traicionero (aunque, en sintonía con la farsa, él es más risible que aterrador). Es un príncipe de la corte del rey al que, sin ninguna razón aparente, se le da repentinamente el lugar más alto en el reino. El rey manda que todos deben arrodillarse ante Amán dondequiera que vaya, y la mayoría lo hace, pero Mardoqueo se rehúsa a reverenciarlo. Esto puede parecer valiente y honorable hasta que te das cuenta de que su negación a reverenciar termina poniendo en peligro a toda la comunidad. Aman está tan enojado que decide no solo matar a Mardoqueo, sino también a aniquilar a cada judío que vive en la faz de la tierra. Aunque la negativa de Mardoqueo a reverenciar a Amán a menudo se explica como un despliegue de lealtad a la ley judía, el Rabino Spilker señala que los judíos se arrodillaron muchas veces ante humanos en la Tora. "¿Por qué?", pregunta, "para salvar a todos los judíos de perecer ¿Mardoqueo no podía haberse arrodillado solo un poco?".

El Rabino Spilker sigue planteando preguntas y diciendo: "Estas son preguntas. No las estoy contestando". La versión griega de la historia parece anticiparse a las preguntas y trata de disiparlas inmediatamente. Para que nadie vea a Mardoqueo como otro hombre impulsado por el ego que se comporta mal, reza a Dios (cuyo nombre nunca se menciona en la versión canónica): "Tú sabes todas las cosas; tú conoces, oh Señor, que no fue en insolencia, orgullo o algún tipo de vanagloria que hice esto, y me rehusé a arrodillarme ante este Amán orgulloso (¡porque hubiese estado dispuesto a besar la suela de sus pies para salvar a Israel!) para que no pudiera poner la gloria humana por encima de la gloria de Dios". ¿Alguien estaba tratando de crear algún tipo de fachada?

Amán echa suertes (*pur* es la palabra persa) para decidir el día de la matanza, y el dado cae en el día trece del mes de *Adar*. Una vez que se decide la fecha en este juego de azar, Amán va con el rey para convencerlo del plan. Le dice que hay personas extrañas dispersadas entre "nuestra gente", que tienen formas extrañas (no honran las leyes del imperio), y que no le conviene al rey tolerarlos. "Deje que sean destruidos todos ellos", dice. El rey acuerda sin pensarlo mucho y envía un decreto "destruir, esclavizar y aniquilar a todos los judíos, jóvenes y ancianos, mujeres y niños, en un día: el día treinta del doceavo mes".

Que el rey esté casualmente de acuerdo con esto es ridículo. El rabino Cabelli escribió este correo electrónico: "La historia del deseo de Amán de matar a todos los judíos, por su indignación de no ser capaz de avergonzar a Mardoqueo, es un paralelo perfecto con el deseo del rey de poner a todas las mujeres en su lugar debido a su indignación de no ser capaz de avergonzar a Vasti". El paralelismo en lenguaje y contenido son inconfundibles.

Estos paralelos enfatizan cuán tontos son los hombres. Cabelli dice: "Uno no puede apreciar completamente la historia de cuán tonto es el comportamiento de los tiranos y la amenaza que esto representa para los judíos sin ver este contexto en donde los tiranos tiranizan, siempre, inevitablemente, a aquellos que son vulnerables: los judíos como la quintaesencia de la ´otredad´, las mujeres como ´mujeres´ en una sociedad patriarcal y andro-céntrica. Y si te quedas en silencio mientras uno es oprimido, la puerta se abre a la aquiescencia cuando los otros son atacados si-milarmente". De cierto, un cuento sin tiempo.

Mardoqueo se entera del decreto del rey y envía un mensaje urgente a Ester, en el que le pide que hable con el rey ¡Él no se arrodilló ante Amán y ahora todo su pueblo está a punto de ser aniquilado!

Podrías decir que Mardoqueo creó una crisis que no puede resolver por él mismo. Así que va y pide ayuda de una mujer. Y es lo que sucede.

¿Quién sabe?

98

Inicialmente, Ester está reacia a hacer lo que Mardoqueo pide ya que si ibas al aposento del rey sin ser convocado, te asesinaban. La única oportunidad que tenías era que el rey te estirara su "cetro dorado". Ester le dice a Mardoqueo que el rey no la ha convocado a su aposento en todo un mes, así que el "cetro de oro" probablemente no señale en su dirección. La naturaleza eufemística del cetro dorado es bastante obvia. El humor obsceno crea un tono cómico más que trágico. También vemos cuán impredecible es la situación para Ester.

Mardoqueo convence a Ester de intentarlo, no ofreciéndo-le una directiva infalible de Dios, sino postulando una pregunta: "¿Quién sabe?". Tal vez estés en este lugar en este tiempo por una razón. Dios no es llamativo u obvio en el libro de Ester. De hecho, no se lo menciona para nada. Nada es certero —la ambigüedad prevalece— pero Ester decide actuar para desviar el desastre que se avecina. Entonces decide: "Si perezco, perezco".

Podría ser justamente la ausencia de Dios lo que hace a

Ester un libro convincente para nuestros tiempos. Ningún profeta escucha la voz de Dios. Él no tiene instrucciones o direcciones o apariciones. Si está presente, está oculto. El libro de Ester toma lugar después de los mayores eventos en la historia bíblica. Dios no aparece en un pilar de fuego o a la puerta de la tienda de Moisés; no le está entregando tablas o revelando el camino obvio. Esto suena familiar. Podríamos decir que escuchamos la voz de Dios en la Escritura, en nuestro vecino o en el pobre, pero eso es un poco distinto a escuchar una voz del cielo. La fe incluye ambigüedad y misterio. El rabino Spilker dice que la historia de Ester es sobre tener fe en un tiempo donde no es fácil tener fe. Dios no aparece, pero Mardoqueo urge a Ester: "No te mantengas en silencio en un tiempo como este".

Así que Ester, que hasta ahora ha parecido poco más que una reina de belleza (estar bien con tener intimidad con el poder, si el poder te elige, revela otro lado de su personalidad). Su belleza la hace deseable a los poderes existentes, pero esto no quiere decir que se tenga que rendir a ellos. Sin garantías de ninguna clase, ella decide actuar, arriesgando la vida por su pueblo. El camino a la salvación en esta instancia involucra algo diferente a la inmaculación puritana.

Podría ser justamente la ausencia de Dios lo que hace a Ester un libro convincente para nuestros tiempos. Ningún profeta escucha la voz de Dios. Él no tiene instrucciones o direcciones o apariciones. Si está presente, está oculto. La fe incluye ambigüedad y misterio.

Ester va al aposento del rey. El cetro de oro apunta en su dirección. De hecho, ella complace tan inmensamente al rey que le dice que hará cualquier cosa que pida. Ella le pide que vaya a cenar y que lleve a Amán consigo. Toman vino. El rey está feliz. Le dice a Ester que le pida cualquier cosa que quiera de él. Ella le vuelve a pedir que venga a cenar con Amán de nuevo la siguiente noche. Aman, siempre egocéntricamente despistado, se va a su casa a entretener su hogar con las historias de su gran éxito en la corte, su esplendor y riquezas en general (cómo él, y sólo él, ha sido invitado a cenar con Ester y el rey).

En la cena de la siguiente noche, Ester le cuenta al rey del plan terrible que ha sido puesto en marcha en contra de su pueblo. El rey parece pasmado ¿Cómo ha pasado esto? ¿Quién es este hombre? (Claro que el rey mismo estuvo un poco más que involucrado, pero esto de alguna manera se le escapa). Ester dice que ¡ese hombre está aquí mismo! Y luego apunta a Amán: es el malvado Amán. El rey se levanta con ira de la mesa y va hacia el jardín. Mientras tanto, Amán se tira sobre el sofá donde Ester se está reclinando para pedir clemencia. Cuando el rey vuelve, ve a Amán cerca de Ester y grita, "¿Atacará incluso a la reina en mi presencia, en mi propia casa?" Es un tipo de escena cómica de malinterpretación clásica. Uno de los eunucos sugiere que lleven a Aman a la horca absurdamente grande que había estado construyendo para Mardoqueo —tan alta como un edificio de seis pisos— y lo cuelguen en lugar de Mardoqueo.

El rey le da a Mardoqueo la casa de Amán y su lugar en la corte, y emite otro decreto (porque, por alguna razón, no puede simplemente cancelarlo) que anula al que llamaba a la aniquilación). En el día en que los judíos iban a ser masacrados, finalmente se defenderían. Y quizás lo hacen demasiado bruscamente.

El rabino Spilker nota que el desafío al leer acerca de la violencia hecha en represalia por parte de los judíos no está en el ataque que montan contra los persas —porque (según la historia) el rey no puede revocar un decreto establecido, así que obviamente la única forma de salvarse a sí mismos es pelear— sino en el hecho de que Ester pide una día extra para matar más personas. Él recuerda un incidente en 1994 cuando un israelí americano masacró a treinta y seis palestinos en la cueva de los patriarcas después de escuchar la lectura de Ester. Él dice, claro, que debemos enseñar en contra de este tipo de lecturas.

Spilker sostiene que tal vez ayude a pensar la violencia hecha por el pueblo judío en Ester más como en la línea de la película *The Inglorious Bastards (Bastardos sin gloria)*, una historia donde, en vez de ser víctimas, un equipo de judíos les da una paliza a los nazis y, eventualmente, mata a Hitler y termina con la II Guerra Mundial. Ester es una historia que nunca sucedió. Pero es el tipo de historia que, si los cosacos están atormentando a tu aldea, sería útil leer. De ninguna manera es una historia destinada a incitar a la violencia. Es una farsa acerca de cómo, a través de una serie de eventos improbables —una serie de edictos ridículos e irrevocables—, una minoría insignificante y subordinada termina ejerciendo el poder más alto en el imperio. En vez de ser aniquilado, el pueblo judío es salvado. Lo inverso ocurre.

101

Jesús femenino

Algunos cristianos hablan de Ester como un tipo de Cristo. Ella es una figura que se levanta en medio de un imperio para salvar a su pueblo. Sam Wells, vicario de St. Martin-in-the-Fields, Londres, predicó en *Duke University's chapel* y dijo: "Ester es una clase de Jesús, a la diestra de Dios, dando su vida para la salvación de los judíos". Mark Driscoll, desde un lugar distinto, concuerda, al decir: "En última instancia, Ester es un tipo de Cristo". Piensa en eso: un Jesús femenino ¿O podríamos decir, al menos, que como un tipo de Cristo ella nos da un vistazo del rostro femenino de Dios? No vemos eso muy seguido. Pero en Ester accedemos a esa ojeada.

Los cristianos creen en un Dios que se revela a sí mismo, y no en la manera en que se espera de los dioses —todopoderoso y majestuoso, sino más bien de una manera inesperada— como un Dios que vacía su ser de poder por amor, un Dios que tiene un cuerpo y muere en la cruz. En el midrash, Ester reza las palabras del Salmo 22: "Mi Dios, mi Dios ¿por qué me has olvidado?". Esa fue la misma oración que Jesús dijo en la cruz, según los Evangelios. Este no es un dios guerrero equipado para la batalla o un dios estoico, invulnerable y sin sentimientos.

Ester es vulnerable como mujer y como judía en el Imperio Persa. Ella salva a su pueblo, no amenazando al tonto rey, asustándolo o desafiándolo a pelear, sino seduciéndolo. Como también dice Sam Wells: "Ella puede envolver al rey alrededor de su dedo meñique usando su exquisito sentido del manejar los tiempos, su visión de la naturaleza humana, su belleza y su experiencia sexual". Su poder viene del deseo que inspira en el rey. Tal vez ella *es* un tipo de Cristo. Tal vez esta es una revelación de cómo opera Dios.

El mundo sigue esperando un salvador violento, y lo ha hecho prácticamente desde siempre, como si la violencia fuera necesaria para combatir la oscuridad y la maldad. Obviamente, los poderes creen en la violencia como un camino para resolver problemas. No es ni muy creativo ni maduro. En Ester, el pueblo de Dios es salvado en una historia llena de risa y amor sexual. A veces podría ayudar ver a Dios como un amante apetecible en vez de como una fortaleza poderosa.

Realmente no tenemos muchas imágenes de Dios actuando *amujeradamente* (como Alice Walker lo definió, *como una mujer*, usualmente refiriéndose a un comportamiento estrafalario, audaz, valiente u obstinado [alguien que ama a todos]). Ester es un tipo de Cristo que corteja, persuade, rechaza. Su territorio es definitivamente más un tipo de Eros persuasivo que un tipo de masculinidad tóxica.

Intérpretes tanto judíos como cristianos han concluido la mayoría de las veces que, aunque Dios no es mencionado en el libro, actúa a través de Ester. Dios actúa *a través de* y *como* una mujer.

Reclamando a Eros

El eros no es necesariamente sexual, pero es amor *encarnado*. Es una clase de deseo experimentado no tan solo cerebral o racionalmente, sino en su totalidad. Un deseo de unión con algo fuera de ti mismo. Es un impulso creativo hacia el gozo.

Recuerdo mi sorpresa al descubrir que el Papa Benedicto XVI, en su primera encíclica papal, habló de la necesidad urgente de la cristiandad de reabrazar a Eros. No estoy segura exactamente de por qué estaba sorprendida (tal vez porque la esperanza es sorprendente).

El deseo apasionado, decía Benedicto, es una parte muy profunda de la fe. Sacar a Eros de nuestras definiciones de amor cristiano o amor divino empobrece ese amor. Eliminar a Eros hace que el amor divino parezca estéril y desconectado, y no el tipo de cuestión que anhelas "como el ciervo busca por las aguas". El papa incluso citó a Nietzsche, que sospechaba notoriamente de lo que él veía como un cristianismo mojigato, negador de la vida y resentido. Nietzsche dijo: "El cristianismo le dio a beber veneno a Eros: ciertamente no murió, pero se degeneró en un vicio". Su afirmación de que el cristianismo no se deshizo de Eros (¿cómo podría?) sino que lo pervirtió, es decepcionantemente exacta ¿Qué podría haber estado pensando la iglesia, al darle veneno para beber?

Tal vez el deseo es notoriamente difícil de controlar, pero envilecerlo (como la iglesia solía hacer a veces) no ha hecho del mundo un lugar mejor.

Eros nos lleva hacia afuera y más allá de nosotros mismos. Benedicto dijo que Eros es la presencia de la vida de Dios (esta mismísima *vida vivificante*) entre nosotros. Desear es estar abiertos al mundo, y no encerrados en un sótano oscuro con las cortinas extendidas. Tal vez hay algo que nos hace más humildes sobre el deseo (por la comida, el agua, tocar) porque es un recordatorio construido en tu cuerpo y alma acerca de que somos dependientes de todo lo que no sea nosotros mismos; que realmente necesitamos a las plantas, a los animales, al aire, a otras personas para sobrevivir. No somos autosuficientes, sino que esta dependencia es la base de toda relación; todos los amores que hacen que la vida tenga sentido y valga la pena vivirla.

Los deseos apasionados son cosas divinas. Dios nos ama, gusta de nosotros, nos desea apasionadamente. La teología cristiana cometió un error cuando trató de separar a Eros del Amor cristiano. No ves este tipo de separación en el judaísmo, el cual abraza al cuerpo y tiene una relación mucho más saludable con la sensualidad. El judaísmo nunca sufre tanto como el dualismo griego de cuerpo y espíritu que impregna el pensamiento cristiano.

Tal vez Ester, esta heroína judía, pueda empujarnos a conectar el amor de Dios con Eros nuevamente, presentándonos a un Dios más seductor que militarista, más bello que violento. "La Belleza salvará al mundo", escribe Dostoievski. Ester, la portadora de Eros, nos ayuda a imaginar eso.

8 Purim
El despertar de la farsa

Hay una línea delgada que separa la risa del dolor, la comedia de la tragedia, el humor de las heridas.

—Erma Bombeck

El día que los judíos iban a ser aniquilados por el poder del imperio más grande jamás conocido, un grupo pequeño y rudimentario de exiliados vence enfáticamente a sus contrincantes. Mardoqueo decreta que, para todos los tiempos desde ahora en más, en el aniversario de este día, el decimocuarto día del mes de Adar, el pueblo judío celebrará con banquetes y días de fiestas: "Estos días deberían ser recordados y guardados a lo largo de toda generación, de toda familia, provincia y ciudad y estos días de Purim no deberán caer nunca en desuso entre los judíos". Ellos se enviarán buena comida y les darán a los pobres. Celebrarán el día en el que los judíos se aliviaron de su tristeza, cuando su dolor fue cambiado a risas. El día del festín debía llamarse así por los *pur* (los lotes) que echó Amán. Ester escribe estas instrucciones felices, preparando la práctica del Purim en perpetuidad, vengan días buenos o malos. Según la *Enciclopedia Yivo* de Judíos de Europa del Este, Purim continuó siendo celebrado en los guetos y los campos de concentración durante la II Guerra Mundial, cuando la esperanza seguramente debió haber parecido lejana.

Algunos académicos suponen que los judíos en la diáspora habrían celebrado los festivales de primavera de las culturas en las cuales se encontraban cuando el libro de Ester fue escrito. Dado que el nombre de Ester es un derivado de *Ishtar*, y Mardoqueo, de *Marduk* (personajes populares en la mitología Babilonia), es posible que el libro de Ester y la celebración que instituye hayan sido formas ingeniosas para que el pueblo judío reclamara a estos personajes antiguos y a las celebraciones estacionales como propios.

La celebración tiene características en común entre otros pueblos, religiones y civilizaciones. Como lo notó el Rabino Spilker, tiene mucho en común con el Carnaval y otras fiestas antinómicas, donde la ley del *statu quo* es derrocada por un día.

En el espíritu del libro de Ester, Purim es una fiesta divertida. Ester es leído en voz alta en la sinagoga, y cuando el nombre de Amán es mencionado (cincuenta y cuatro veces) todos hacen sonar cornetas especiales hechas para la ocasión. Algunas personas escriben el nombre de Amán en el fondo de su zapato y estampan sus pies para borrarlo según las instrucciones de los antiguos rabinos, que a menudo tienen sentido del humor.

El festín incluye comidas especiales, como pequeños pasteles en forma de triángulo llenos de semillas de amapola, chocolate o albaricoque llamados *Hamantaschen* (*los bolsillos* o *el sombrero de Amán*). Los judíos italianos disfrutan de pasteles llamados *Orecchie di Amán* (orejas de Amán), con sabor a cáscara de limón, vainilla y ron. Los judíos marroquíes hornean un pan especial de jalá con la forma de la cabeza de Amán llamado *los ojos de Amán*. Los ojos están hechos de huevos duros.

Las obligaciones más importantes del día son comer algún platillo festivo y estar feliz. Qué obligaciones más geniales. Y no solo comer y estar feliz, sino tomar mucho vino. Los sabios del antiguo Talmud sostuvieron que las personas debían beber tanto vino en Purim como para no distinguir más entre las frases "maldito es Amán" y "bendito es Mardoqueo". Más tarde, algunos rabinos dijeron, tal vez a fin de cuentas, "debes tomar solamente un poco más de lo usual. Pero, aun así, estás obligado a tomar, reírte y divertirte un poco".

El rabino Spilker habló acerca del desfile celebrado todos los años en Tel Aviv llamado *Adloyada* o *hasta que uno ya no sepa*. La medida rabínica de cuán borracho deberías estar. Hay DJ, bailes callejeros y carrozas gigantes. Las imágenes que encontré en internet muestran a las personas con máscaras de Guy Fawkes, grupos de baile, y un montón de mujeres en medias de rejilla, tacones altos, pantalones cortísimos y sujetadores sensuales con *push up*.

La tradición de ponerse disfraces para Purim tiene una variedad de explicaciones. Una es que esa fiesta representa "lo escondido". Ester mantiene oculta su identidad judía y Dios está enmascarado en el libro de Ester. Las personas se disfrazan para emular a Dios, que disfrazó su presencia, pero que sin embargo estaba entre ellos. O la tradición puede provenir de festivales de disfraces de primavera que los judíos adoptaron para su propio jolgorio.

107

La atmósfera carnavalesca del festival de Purim contribuye, sin lugar a dudas, a la lectura humorística del libro. La amenaza existencial parece desarrollarse solo para que la audiencia pueda mirar con deleite y reír con alivio cuando se supera.

El rabino Alan Shavit-Lonstein, el genio de la tienda Apple, me dijo que incluso los judíos más serios, conservadores y tradicionales ponen de manifiesto el humor del libro de Ester en Purim. Recuerda a una amiga que perdió la vida en un ataque suicida en un autobús en Israel. Dijo que ella nunca había sido una persona con sentido del humor pero que, mientras leía el rollo de Ester en Purim, cuando vino la parte donde Ester se saca la ropa, empezó a sacarse la ropa. Ella tenía otras prendas debajo, pero aun así fue gracioso.

Cuando el Rabino Shavit-Lonstein estudiaba en una escuela muy tradicional de Israel, donde se espera que muestres gran respeto por tus profesores en todo momento, Purim era el único día en el que podías cuestionarlos. Era el día en el que no tenías que mostrarles honor de la misma forma en que lo hacías todos los demás días. De hecho, en el *yeshivot* más tradicional, los rabinos permiten que los hombres se vistan como mujeres, algo usualmente prohibido. Los estudiantes se visten del sexo opuesto con ropa que les piden prestada a sus madres y hermanas. Los periódicos hebreos e yiddish solían imprimir ediciones especiales para ese día, incluyendo parodias y críticas satíricas de las políticas locales y mundiales.

Los personajes subversivos de las fiestas están encarnados en el discurso de Purim, una obra teatral que recrea la historia bíblica de un modo que usualmente satiriza eventos actuales.

En una entrevista NPR, Nhama Sandrow, una historiadora del teatro yiddish, dijo: "Purim yuxtapone lo sagrado y lo profano. Con el paso de los siglos, el discurso de Purim le dado permiso a los actores de reírse de la clase dominante. El rey es el señor de cualquier lugar y tiempo en que la obra sea puesta en escena". Deborah Eisenbach-Budner, la directora en educación de la congregación Portland's Havurah Shalom, agrega: "El discurso de Purim se trata en gran parte del poder. No hay forma de sortear este hecho. Se trata sobre el poder, la falta de poder y la vulnerabilidad. Así que eso se traslada a la política… en gran parte se trata de la resistencia". Reírse de los reyes es una manera de no darles a los poderosos el poder que tan pomposamente reclaman.

Tal risa también nos da el espacio para respirar y liberarnos de la parálisis cuando nos sentimos atrapados en un lugar sin esperanza. El modo en que algunos de nosotros tal vez sintamos una inmensa sensación de alivio (en este caso, el alivio parece ser la mejor palabra) cuando vemos a Alec Baldwin jugando con Donald Trump en Saturday Night Live. La risa hace algo por nosotros que necesitamos desesperadamente, incluso (o tal vez especialmente) en las circunstancias más graves.

Hoy seremos felices, felices

Mi primera experiencia de Purim es en el Beth Jacob Congregation South of St. Paul. Están con un temática de Star Wars: *La Farsa Despierta*.[1] El video promocional en su sitio web me hace reír.

Tan pronto como confirmo que las personas ajenas a la congregación son bienvenidas a la celebración, convenzo a mi colega, el reverendo Russell, de venir conmigo. El rabino Morris Allen me dijo que definitivamente debería usar un disfraz si quería meterme en el espíritu de la fiesta. Realmente nunca disfruté de los disfraces, pero compré un poncho en *Target* y me puse un sombrero de paja, esperando parecerme a una pastora de llamas. Paso a buscar a Russell que tiene una larga bata y una bufanda envuelta alrededor de su cabeza. Dice que quería un look *jedi*. Él es genial con los disfraces. Cuando llegamos a la sinagoga, no hay casi ningún auto en el estacionamiento, así que decidimos sentarnos ahí por un rato. Las personas llegan lentamente. Al verlas, Russell dice cosas como: "Esa persona no está usando un disfraz" o "El niño pequeño es el único que está disfrazado". Mientras más autos llegan y Russell se convence cada vez más de que nadie está usando un disfraz, comienza a tener un ataque de pánico: decide que se parece más a un bombardero suicida que a un personaje de *Star Wars* y se rehúsa a entrar. Salgo y le digo que se adelante y lleve el auto de vuelta a su casa para que pueda cambiarse.

Me saluda el Rabino Allen, presumo, aunque es difícil sa-

---

1 En inglés, *The farce awakens*. El título hace alusión a la película *The force awakens* (*El despertar de la fuerza)*, de la saga *Star Wars*.

berlo a través de su máscara de Darth Vader. Está en patines y lleva un sable de luz. Me siento un poco perdida e insegura hasta que Vicky, una anciana vestida con un *yarmulke* pero sin disfraz, gentilmente se presenta ante mí y me da el resumen. Me ayuda a conseguir un *gragger* (una matraca).

Algunos *graggers* son de madera; algunos son cajas de macarrones con queso *Kraft* decoradas con representaciones infantiles del malvado Amán. La mía presenta a Amán con un parche en el ojo y colmillos. Vicky es nueva en Beth Jacob; se acaba de mudar a Minnesota desde Seattle. Estoy contenta de poder sentarme con alguien más que está un poco incómoda.

Le digo que soy pastora de una congregación luterana y dice que no conoce mucho acerca del cristianismo, entonces me pregunta qué creencias compartimos. La pregunta me pone nerviosa y pienso: ¿Debería decir "bueno, en realidad, tenemos todo lo suyo y tratamos de adaptarlo a nosotros" o hablo sobre el amor, la gracia y la justicia? ¿O ella me está probando nada más, para ver si me las puedo arreglar? Sobre todo, tengo ganas de disculparme por el supersesionismo, Martín Lutero, Pablo, la Inquisición y el Holocausto. Decido evadir la pregunta y hablar de cuánto aprendí de los modos de interpretación rabínicos. Cómo desearía haber aprendido más de ellos en el seminario. Pregunto si conoce la obra de Avivah Zornberg. Dice que sí y me cuenta acerca de un rabino terapista de Seattle que usa categorías psicoanalíticas similares para interpretar la Torá como una especie de espirituali-

> *Le digo que soy pastora de una congregación luterana. Ella dice que no conoce mucho acerca del cristianismo y me pregunta qué creencias compartimos. La pregunta me pone nerviosa. Sobre todo, tengo ganas de disculparme por el supersesionismo, Martín Lutero, Pablo, la Inquisición y el Holocausto*

dad interna. Habla sobre la compulsión humana hacia la idolatría, cómo seguimos haciendo dioses y nunca entendiéndolos bien. Estoy tan contenta de que lleve la conversación hacia este lugar: compartimos una creencia en un Dios mucho más grande (o más pequeño, o diferente) que los ídolos a los que nos aferramos. (Eso es lo que debería haber dicho).

Muchos globos de helio con imágenes del Halcón Milenario decoran el santuario. La persona frente a mí usa una peluca negra voluminosa. Al otro lado del pasillo, una mujer viste un traje azul y un gorro de baño de color carne con unas bolas de algodón pegadas a los lados y estiradas para aproximar el cabello blanco descuidado. Lleva un cartel que dice "Vote a Mardoqueo Sanders" de un lado y "¿Odiadores? Deshazte de ellos" del otro. Está acompañada por una mujer con peluca naranja y una gorra de *Make America Great*. Su cartel dice "Vote a Amán J.Trump" de un lado y "Los judíos son perdedores" del otro.

Dos niños vestidos como *jaguanguro* (un jaguar más un canguro) caminan de un lado al otro por los pasillos. Uno está en la cabeza y el otro en la cola. No es el disfraz más convincente, pero estoy impresionada con el elaborado cartel que llevan y que explica la dieta, el sistema digestivo y el hábitat del *jaguanguro*.

El servicio comienza informalmente con el canto de las canciones tradicionales de Purim. Algunos de los primeros son en hebreo, los cuales no puedo entender, pero me gustan, *Oh Una Vez Había un Hombre Malvado Malvado*, una canción popular que dice así:

> *Oh, una vez había un hombre malvado malvado,*
> *Y Aman era su nombre.*
> *Él hubiera matado a todos los judíos,*
> *Aunque ellos no eran culpables.*

CORO

Hoy seremos felices, felices
Hoy seremos felices, felices
Hoy seremos felices, felices
Y nosh (algo) hamentashen.

Y Ester era una reina encantadora
Del Rey Ahashveryrosh
Cuando Aman dijo que nos mataría a todos,
Oh, cómo nos asustó

CORO
Hoy seremos felices, felices
Hoy seremos felices, felices
Hoy seremos felices, felices
Y nosh (algo) hamentashen.

A pesar del plan horrible de Amán
Y del susto que nos dio
Ester era tan valiente y fuerte
Que sabía exactamente cómo salvarnos

CORO
Hoy seremos felices, felices
Hoy seremos felices, felices
Hoy seremos felices, felices
Y nosh (algo) hamentashen.

Así que Amán consiguió sus postres
Y habíamos ganado el día
Y a Ester nunca olvidaremos

Y en este día decimos:

Hoy seremos felices, felices
Hoy seremos felices, felices
Hoy seremos felices, felices
Y nosh (algo) hamentashen

Un hombre mayor vestido como Raggedy Andy y su esposa, tal vez, vestida como Raggedy Ann se dirigen al frente del santuario. Vamos a participar de la lectura del *Megillah* (el rollo de Ester). Cuando sostienen el letrero de *comiencen* debemos hacer sonar nuestras matracas. Cuando sostienen el de *parar*, paramos.

Varios cantores se turnan para cantar la Megillah. La yuxtaposición de lo sagrado y lo profano es flagrante, como el pergamino serio y de aspecto antiguo en los brazos de un hombre vestido de conejo con largas orejas que cuelgan hasta la cintura, y una cola mullida pegada a su trasero. Una mujer con uniforme de fútbol canta maravillosamente hebreo y de repente cambia a una voz nasal, aguda y quejumbrosa en medio del capítulo tres. Nunca imaginé que podrías cantar en hebreo y hacer una voz graciosa al mismo tiempo. Sé que trata de hacer la voz de Amán, incluso sin poder entender hebreo, porque Raggedy Ann y Andy cambiar sus carteles a *comiencen*. Hacemos sonar nuestras matracas.

En algún lugar alrededor del capítulo cinco o seis (no estoy segura porque no puedo seguir del todo lo que está sucediendo), todos se paran y desfilan alrededor del santuario. Zorros, gatos, Batman, Yoda, Minions y veinte niñitas vestidas de Ester se menean por el pasillo al ritmo del jazz de Nueva Orleans. Una mujer embarazada con un gorro de bruja sostiene la mano de un chico vestido de dragón.

Después del desfile regresamos a la lectura hasta que unos

adolescentes la interrumpen. Uno usa una máscara como la de los chicos malos de *Mad Max*. Hay algún tipo de ruido escandaloso en escena después del cual gritan: "¡El Megillah ha sido secuestrado y debe ser liberado!" (con el dinero del rescate que recolectarán en las canastas que pasan por los pasillos). Es una artimaña. Recolectan el dinero para una agencia de servicio social que provee refugio para adolescentes sin casa.

Las personas han estado hablando y levantándose, caminando de aquí para allá durante todo el servicio, así que no estoy enteramente segura de si terminó o no hasta que veo a Vicky pararse y moverse hacia el pasillo. Se da vuelta para agarrar mi mano y me invita a quedarme para la fiesta. Desaparece rápidamente en la multitud y no la veo más. Voy hacia los baños y llamo a Russell. Le digo que, de hecho, casi todos visten disfraces y ahora tal vez se sienta incómodo sin uno, pero que realmente debería venir y acompañarme en la fiesta.

Salgo cuando sirven el *hamantaschen* para esperarlo. Aunque vi recetas en internet para el *hamantaschen pavere* con canela y dulce de leche, o con pera y aroma de cardamomo o relleno con queso de cabra o con *S'more* y *Nutella*, en Beth Jacob los bolsillos de Amán están rellenos con las más tradicionales semillas de amapolas, albaricoque y frambuesa. Elijo las semillas de amapola, que resultan ser un poco sosas cuando tienes en mente las peras y el queso de cabra.

Un DJ y luces estroboscópicas nos entretienen. Algunas personas bailan. Hay mesas llenas de varios dulces —chocolate, pretzels, bolas de palomitas de maíz y huevos rellenos con nombres especiales de *Star Wars*— alineadas en los perímetros del salón. Alguien vende una novela sobre Ester.

Encuentro a Russell en la mesa del alcohol. Hay mucha cerveza y dos grandes dispensadores de vidrio llenos de líquido color neón: uno etiquetado como *Jugo Jedi* y el otro como *Gaseosa de Yoda*. Le pregunto al hombre parado detrás de la mesa qué son. Dice que el verde es gin y el azul es vodka. Tomo un par de sorbos del (muy dulce) verde, y toso. Russell se toma tres vasos del Jugo Jedi azul.

Mientras buscaba celebraciones de Purim en internet, vi que había un *after-party* de Purim por Twin Cities en 2013 llamado Circo de Purim, que presentaba malabaristas, zancudos y DJ de Becca Gee "que hacían sonar ritmos increíbles". Este año, la misma organización está dando otra fiesta, y la invitación dice "Sí, sabemos que es una noche en día de semana. Sí, sabemos qué es tarde. ¡Pero, vamos, es Purim! Es nuestra OBLIGACIÓN religiosa festejar hasta el año 5776".

Russell y yo salimos del *after-party* de la sinagoga para ir al de la ciudad, donde acordamos encontrarnos con otro pastor amigo, John. Cuando entramos al bar, no vemos malabaristas de fuego. Puedo decir inmediatamente que estamos por fuera de la edad demográfica pretendida. Obviamente es un punto de encuentro para jóvenes, pero seguimos adelante y completamos una breve encuesta y obtenemos dos boletos de bebida y una pulsera cada uno.

Eventualmente, Russell, John y yo nos dirigimos a una cabina. La mayoría nos ignora, pero no todos lo hacen de una manera mezquina. Me siento rara, pero feliz. Pienso en cuán genial es tener la obligación religiosa de "tener una comida festiva y ser feliz". Al menos he cumplido esa *mitzvah*.

Sin desperdiciar su oportunidad: un discurso puntiagudo de Purim

Después de mi primer Purim, esperaba ansiosa el siguiente. Este año, Mt. Zion, una sinagoga reformada cercana a nuestra iglesia, está proponiendo una temática de *Hamilton* para el discurso de Purim. Es la promesa de una versión judía satírica de *Hamilton* lo que me lleva al estudio de Ester con el Rabino Spilker, donde me encuentro con el viejo y bebo el Sam Adams. Alguna mente ingeniosa (Cantor Jamie Marx) se las ingenió para reescribir las palabras de todas las canciones de *Hamilton* con el fin de reflejar la historia de Ester.

Hay un adelanto en el sitio web que presenta al elenco en Mt. Zion y la primera canción. El coro canta: "¿El mundo celebra su nombre? ¿Cuál es su nombre, señorita?". Y una adolescente con una gran voz da un paso al frente y canta, "*Ester Sobrina de Mardoqueo*. Mi nombre es Ester Sobrina de Mardoqueo y mi historia no está cerca de terminar. Tan solo esperen. Solo esperen". Apenas puedo esperar.

Vi *Hamilton* recientemente en Chicago, y aunque tuve una pequeña resistencia a toda la manía (Olivia ya se había memorizado toda la lista de temas), lo amé. En la versión de Purim, Ester (una chica) es la figura de la obra. Ella es "joven, inteligente y judía" y no va a desperdiciar su oportunidad.

Después del estudio del libro, nos movemos a un espacio abierto afuera del santuario para aguardar el discurso. Un hombre disfrazado de pirata (según lo que entendí) se mueve a través de la multitud ofreciendo el aroma de una bolsita que sostiene. Estoy ansiosa por abordarlo cuando se acerque a mí, aunque no tengo idea de qué se trata. Huele a clavo de olor y canela. Después, leo en internet que Purim es una fiesta que despierta los sentidos, con vestidos brillantes y comida, pero que el único sentido que a menudo no se tiene en cuenta es el olor, que probablemente es el sentido que encaja mejor con Ester. Tanto Mardoqueo como Ester son comparados con olores. El midrash interpreta que el nombre de Mardoqueo es *pura mirra*. El nombre hebreo de Ester, Hadassah, significa *arrayán*, un árbol floreciente conocido por su fragancia. El arrayán es sagrado para la diosa del amor, Afrodita.

Más significativamente, tal vez, tal como Dios está presente a lo largo de la historia aunque no podemos verlo u oírlo, así también estamos conscientes de los olores aunque no podamos verlos u oírlos. Dios siempre está presente aunque oculto a nuestra vista: Dios está presente como olor. Tal vez, la metáfora no parezca encajar en toda ocasión (caminando en el subte o cuando manejamos un auto pequeño con un perro y las ventanillas cerradas), pero estoy agradecida por la sensualidad de tradición judía de mostrar que tal vez conocemos a Dios a través del sentido del olfato —nuestras narices—; algo tan distinto a nuestra visión, o nuestras orejas, o nuestro intelecto.

Estoy ansiosa por que llegue el momento de entrar al santuario y escuchar la lectura del Megillah, seguido del conmovedor rap Lin-Manuel Miranda adaptado a una historia de resistencia judía. En Mt. Zion, la participación de la audiencia es un tanto diferente de la versión de Beth Jacob. Practicamos el abucheo cuando se menciona a Amán y el vitoreo en respuesta a Vasti. Y cada vez que escuchamos el nombre de Ester, debemos gritar: "¡Vamos chica!".

Después de la lectura, las luces se atenúan y los actores suben al escenario. De alguna manera estoy tanto deleitada como conmovida por el primer vistazo del rey. Es un chico de secundario que hace una muy buena imitación de Donald Trump mientras rapea la letra judía de la canción de Hamilton con perfecto ritmo. Y una buena voz. Es perfecto, hilarante, brillante.

Pienso que nadie, incluso los más grandes fans de Trump, podría leer a Ester en la era de Trump y no ver los paralelos. Y no estoy segura de si Trump haría una objeción de los paralelos (el rey es muy, muy rico y famoso, y esto le da todo el acceso que desee a las mujeres). A través de otros lentes, el rey es pomposo, un hombre infantil con poder, dependiente de sus asesores, que están por todos lados alrededor suyo (incluso un asesor antisemita) dirigiendo cada uno de sus movimientos.

Después de llamar a Vasti para que desfile en frente de su fiesta de borrachos, Trump/ el rey/ el adolescente dice: "Nadie respeta a las mujeres más que yo. Ahora cállate y baila", todo esto mientras apenas quita los ojos de su teléfono celular.

Cuando Amán está proponiendo el edicto que hará cumplir el asesinato a todos los judíos, Trump/ el rey/ el adolescente, que está ocupado mandando mensajes de texto, dice sin levantar la mirada: "¿Necesito saber los detalles?". Definitivamente se lee como un momento gracioso, no trágico. Todos en la audiencia ríen.

La entrevista NPR que escuché antes lo predijo: "Los discursos de Purim de esta noche a lo largo del país caracterizará a los reyes que disparan *tuits* furiosos. Es humor agudo", pero Eisenbach-Budner dice: "Ese es el trabajo del discurso de Purim".

En medio de acontecimientos ridículos, terribles y sin precedentes, ¿quién sabe? Tal vez estás aquí en un momento como este por una razón.

El discurso en Mt. Zion termina con un coro entusiasta: "Todos deben pararse altos y verdaderos. Consideren las palabras que dicen porque la historia tiene sus ojos sobre ustedes".

"Hay una línea delgada que separa la risa del dolor, la comedia de la tragedia, el humor de las heridas", como dijo una vez Erma Bombeck. O como lo expresa mi amiga Abigail Pelham: "La tragedia proclama la grandeza de la humanidad. La comedia nos dice que la grandeza es una farsa". En medio de acontecimientos ridículos, terribles y sin precedentes, ¿quién sabe? Tal vez estás aquí en un momento como este por una razón.

118

9 Shoah
Chivo expiatorio

Enseña a tu lengua a decir "no lo sé" para no quedar
como un mentiroso.

—El Talmud

Nací cuando pude
amar
todo lo que una vez temí.

—Rab'ia al Basr

En la Escritura hebrea, el pueblo de Dios fue esclavizado y oprimido por un imperio tras otro, y perseguido cuando se rehusó a
adoptar los modos imperiales. Daniel es echado al foso de los leones por rehusarse a integrarse. "Estuvo ahí por seis días", leemos
en los apócrifos. "Hubo siete leones en el pozo y todos los días les
daban dos cuerpos humanos y dos ovejas, pero ahora no les daban
nada, para que devoraran a Daniel".

En las historias de Macabeos, Antíoco, el gobernante del
Imperio Seléucida, contamina los santuarios judíos, hace de la
posesión de la Torá un delito capital, prohíbe los sábados, las

fiestas religiosas y la circuncisión. El pueblo judío se hace vasallo de Roma, y, otra vez, cuando no se acomodan al imperio, sus santuarios son destruidos, sus personas asesinadas, forzadas a la esclavitud u obligadas a abandonar sus hogares.

La historia del pueblo judío en la Escrituras es una historia de un pueblo desplazado que anhela un hogar donde tal vez puedan estar finalmente a salvo. La tensión es una tragedia histórica, pero en la Escritura también es una situación existencial. Una de las cosas más importantes que se deja en claro en la literatura midrásica es que ser pueblo de Dios es, de cierto modo, ser inestable. La historia del pueblo de Dios es tortuosa y alegre; no fácil o simple. La fe no es un conjunto de respuestas que puedes escribir en una hoja de papel; ser el pueblo de Dios es luchar.

En la comida ritual de *Séder* de Pascua, el chico más joven en la familia es obligado a hacer cuatro preguntas tradicionales que representan cuatro actitudes hacia las narrativas de la redención, según Avivah Zornberg. Las actitudes son aquellas del niño sabio, que conoce la pregunta y la hace; el niño malvado, que conoce la pregunta pero se niega a hacerla; el hijo simple, que conoce la pregunta pero es indiferente a ella; y el hijo ignorante, que no conoce la pregunta así que no puede hacerla. Así que la primera expresión de fe de los hijos judíos, según Zornberg, no es una declaración de fe, sino la primera pregunta genuinamente expresada. Según las sensibilidades midrásicas, las preguntas impulsan a las narrativas de la fe a seguir teniendo sentido para las generaciones.

La tradición cristiana a menudo estuvo más orientada hacia las preguntas. No es común oír decir a un cristiano "Jesús es la pregunta". Pero como todo rabino judío, Jesús da más preguntas que respuestas: "¿Quién dicen que soy?" "¿Qué quieren?" "¿Por qué están tan asustados?" "¿Por qué miras la astilla en el ojo de tu hermano y no le prestas atención a la tuya?". En la cruz, Jesús exclama: "Mi Dios, Mi Dios ¿por qué me has olvidado?".

A diferencia de la mayoría de las narrativas de las naciones que encontramos en la historia, las narrativas judías de la Biblia hebrea son autocríticas. En vez de situar la culpa de las luchas de las naciones en una fuerza externa (*otras* personas, un chivo expiatorio), los editores que revisan las viejas historias para componer la historia oficial miran internamente al propio pecado de las naciones. El problema no fueron nada más los asirios o babilonios. El problema fue que el pueblo de Israel no confiaba en el Dios que los amaba y liberó. Como en el resto de la Escritura, la preocupación de los editores no era meramente registrar hechos históricos, sino transmitir una verdad más profunda: una verdad que es reveladora, incluso ahora.

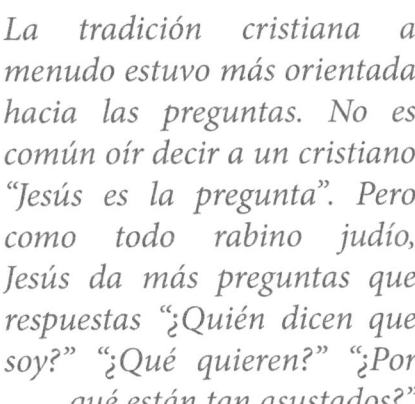

La tradición cristiana a menudo estuvo más orientada hacia las preguntas. No es común oír decir a un cristiano "Jesús es la pregunta". Pero como todo rabino judío, Jesús da más preguntas que respuestas "¿Quién dicen que soy?" "¿Qué quieren?" "¿Por qué están tan asustados?"

Tristemente, conforme los editores se concentran en la idolatría, ponen el foco en el rostro femenino de Dios. En vez de celebrar a la madre como una expresión más del insondable y amoroso Dios de Israel, se la retrata como una amenaza, como una fuente de idolatría (incluso se podría decir que se convierte en un chivo expiatorio).

Puedo ver cómo la historia termina siendo enmarcada de esta forma. También me aflige mucho la posibilidad de que perdamos gran parte de la expresión laboriosa, pechugona y femenina de Dios.

Las historias de Israel son historias de las personas que se ven obligadas por Dios y los profetas a reconocer sus faltas (su falta de confianza y amor). No son historias triunfales. Son historias de lucha. Pero aunque una cierta inquietud existencial es parte de la fe del pueblo de Dios, también existe una realidad histórica muy catastrófica de lo que le sucede a un pueblo que es expulsado de su tierra, marginado y degradado.

El cristianismo tiene una historia vergonzosa de antisemitismo

Aunque hay mucho humor en Ester, un rabino advirtió que Ester y Purim tienen un mensaje subyacente tan serio que quizá se pierda en los jugueteos al estilo *Hamilton*. Es una historia de personas que, de hecho, han sido sujetos de genocidio. En el libro de Ester, un hombre con poder quiere matar a los todos los judíos y hacer que ese genocidio sea ley. Debemos prestar atención al hecho de que esto realmente pasó en la Alemania del siglo XX. Es algo que las personas realmente experimentaron. Tal vez si Ester no hubiese sido tan ignorada sistemáticamente en el cristianismo, la historia de Amán podría haber disuadido a la iglesia de sus descensos persistentes al antisemitismo.

Aunque la fe cristiana, obviamente, vino de del judaísmo y le debe su vida, el cristianismo tiene un larga y vergonzosa historia de antisemitismo. Puedes ver una combatividad creciente hacia el pueblo judío que no acepta a Jesús como su Mesías casi desde el principio. Si lees el libro de Hechos como cristiano, es una historia de cómo se difundió el Evangelio. Si lo lees como judío, bueno, para el capítulo 3, Pedro está acusando a los hombres de Israel de asesinar al autor de la vida. Es el comienzo del uso cristiano de la Escritura judía en contra del pueblo judío. Mientras El Camino se extiende, también lo hace la animosidad hacia el pueblo judío que no lo acepta.

Después de la II Guerra Mundial y los horrores del Holocausto, la cristiandad se hizo mucho más consciente de los problemas con el supersesionismo, al leer nuestros textos como si estuvieran destinados a reemplazar al judaísmo, pero el daño no puede deshacerse.

Viendo la *Shoah* y leyendo el Nuevo Testamento

Estuve viendo la película *Shoah* durante semanas cuando Mateo 23:1–12 vino en el leccionario:

> Entonces Jesús les dijo a la multitud y a sus discípulos: "Los escribas y los fariseos se sientan en el asiento de Moisés; por lo tanto, hagan los que les enseñan y síganlos; pero no hagan como ellos hacen, porque ellos no practican lo que hacen. Atan cargas pesadas, duras de soportar, y las ponen sobre los hombros de otros; pero ellos mismos no están dispuestos a levantar un dedo para moverlas. Hacen todas sus obras para ser vistos por otros; porque ensanchan sus filacterias y alargan sus flecos. Aman los lugares de honor en los banquetes y los mejores asientos en las sinagogas, y ser recibidos con respeto en los mercados, y que las personas los llamen rabinos. Pero ustedes no están para que los llamen rabinos, porque tienen un maestro, y todos son estudiantes. Y a nadie llamen padre en la tierra, porque tienen un Padre, el que está en los cielos. Tampoco están para que se les llame instructores, porque tienen un instructor; el Mesías. El más grande entre ustedes será su sirviente. Todos los que se exaltan a sí mismos serán humillados, y todos los que se humillen a sí mismos serán exaltados. (NRSV)

123

En el contexto de lo que vi día tras día, de a pedacitos, apenas podría ponerme a revisar el pasaje. Tuve que tratar de recordar que no todos en la iglesia (de hecho, probablemente, nadie excepto yo) resultan estar a la mitad de un documental francés de nueva horas y media sobre el intento sistemático de exterminar a los judíos en Europa. Esto ha afectado mi interpretación de muchas cosas. Si alguien en mi casa se quejara de algo, si empezara a preocuparme por que mi cabello se está debilitando o si mi gato tuviera diabetes, pensaría "No eres una persona judía en un gueto de Varsovia en 1942. Ten algo de perspectiva, por el amor de Dios".

Shoah es una película dispersa y —esto probablemente no será una sorpresa— deprimente. Cuando salió, en 1985, después de once años de proceso, las personas la llamaron una obra maestra incomparable. No hay música. No hay voces en *off*. No hay fotos ni material de archivo. Solo un francés con pantalones acampanados y patillas, entrevistando a sobrevivientes judíos, testigos polacos y perpetradores alemanes. Responden en polaco, yiddish, italiano, hebreo, alemán, francés e inglés. Todos fuman. Son los setenta.

En un momento, Claude Lanzmann, el director, habla con un judío, no un sobreviviente, sino un historiador, que señala que lo que sucedió no fue para nada nuevo. La iglesia hizo lo que quiso del pueblo judío durante siglos, aislándolos en guetos y sacándoles los derechos. Particularmente apunta a Martín Lutero (el fundador de la iglesia en la que estoy ordenada).

En el infame tratado antisemita de Lutero ("Sobre los judíos y sus mentiras"), describe al pueblo judío como "gente que se basa en la burla, llena de heces del diablo… en la que se revuelcan como cerdos". Nombra a la sinagoga como "una prostituta incorregible" y una "puta malvada". Argumenta que las sinagogas y escuelas judías deberían prenderse fuego, y a los rabinos prohibirles predicar, prender fuego los libros, arrasar las casas, y confiscarles las propiedades y el dinero. Dice que a "ellos" no se les debe mostrar ninguna misericordia o amabilidad ni darles protección legal; los "tóxicos gusanos venenosos" deberían ser reclutados para trabajos forzados o expulsados para siempre. También parece abogar por su asesinato cuando escribe: "Tenemos la culpa de no matarlos".

Lutero usa regularmente lenguaje violento y vulgar acerca de mucha gente, pero no hay duda alguna de que su antisemitismo tiene un efecto considerable en la cristiandad Occidental. Hitler hizo un buen uso de este tratado ¿Qué si Lutero no hubiese sido tan enemigo de Ester? ¿Podría haber reconocido algo de Amán en sí mismo y retractarse de sus terribles palabras?

El sentimiento antijudío entre cristianos ha desatado una enorme cantidad de violencia a lo largo de la historia. Mirando *Shoah* me estaba hiperconcientizando de esto cuando surgió el pasaje de Mateo donde Jesús (alguien en quien generalmente confío y creo) inicia esta especie de diatriba violenta en contra de los líderes judíos. Me hizo sentir enferma. Seguramente, si Jesús supiera que este tipo de cosas conducirían a prejuicios asesinos, habría sido más elegante.

Podríamos culpar a Mateo, el autor del Evangelio, de lo que parece ser un sentimiento antijudío. Jesús nunca se habría visto separado de la comunidad judía. Él es un maestro judío. Pero conforme al cristianismo se separó de sus raíces, los conflictos afloraron. Definitivamente, Mateo moldeó las palabras de Jesús al tratar de lidiar con el conflicto que su comunidad estaba teniendo con los líderes judíos años después de su muerte. Quiero decir, casi que lo entiendo: hay conflicto, los sentimientos están elevados, y estás tratando de promover la visión de tu comunidad, pero, ¿hablas mal de tus oponentes y los conviertes en caricaturas?

125

Todos hemos estado viendo mucho de este tipo de comportamiento en internet: descargos públicos que dividen y gente hablando despectivamente de las personas con las que no están de acuerdo. Pero esta es la Biblia, no propaganda política, y es decepcionante —algo desgarrador— escuchar a Jesús adquirir un tono burlesco: "Hacen sus filacterias anchas y sus flecos largos… y aman que la gente los llame rabino".

Realmente parece una especie de criticismo barato, como reírse de la ropa de otras personas ¿Qué hay de malo en las filacterias? Tomas una cajita de cuero y enrollas un pergamino con las palabras de la Escritura: "Amarás al Señor tu Dios con todo tu corazón y toda tu alma y toda tu mente", y pones la pieza de pergamino en la caja, y lo amarras a tu mano o a tu cabeza para recordarte que estas palabras estarán en tu corazón y serán como frontales entre los ojos y una señal en tu mano. Quiero decir, sí, puede parecer raro usar una pequeña caja en tu frente o en tu mano, pero ¿qué pasa si, en vez de eso, son teléfonos inteligentes los que sujetamos a nuestras manos y cabezas para recordarnos de las fuerzas que nos guían?

Las franjas eran como borlas que colgaban de las cuatro esquinas de una prenda para que, cuando caminaras, las sintieras rozar tu piel y las vieras balancearse; así recordarías deleitarte en la voluntad de Dios y andar en sus caminos al amar a tu vecino y ser agradecido con la creación. No es como usar un vestido de trescientos dólares hecho de la piel de algún animal en peligro de extinción. En cuanto a tratar de exaltarte a ti mismo, estas prácticas que menciona Jesús simplemente no parecen muy ofensivas.

No obtienes información realmente precisa sobre un grupo al leer la literatura de sus oponentes, es obvio. Las protestas contra los fariseos en Mateo reflejan el conflicto entre el pueblo judío que siguió a Jesús y los que no lo hicieron. Cuando Mateo lo escribió, ambos grupos estaban tratando de averiguar cómo proceder y tener fe después de que el templo judío había sido destruido por el Imperio Romano.

Puedes ver el conflicto por todo el Nuevo Testamento como si hubiera diferentes posibilidades: una manera eventualmente termina en cristianismo y la otra en judaísmo rabínico. Al mirar desplegarse estas posibilidades a lo largo de los siglos, puedes ver algunas cosas grandiosas y otras no tanto sobre el destino de estos caminos con el tiempo.

Los rabinos trajeron a la vida la creencia de que Dios estaba presente fuera del tiempo, incluso en los más pequeños detalles

126

de la vida. Para cultivar una consciencia de esta presencia, hasta te vuelves atento a las actividades mundanas, como el acto de lavarte las manos. Estas no eran cargas pesadas o rituales elaborados para mantener a las personas alejadas, sino cosas simples para llevar la presencia de Dios a cada momento del día. Dios estaba presente en la preparación de la comida, mientras trabajabas en el jardín, en todos los detalles ordinarios de la vida. Dios estuvo tan presente en la cocina como estuvo siempre presente en el templo. Los rabinos creían que expresabas la fe en Dios a través de actos de bondad amorosa, especialmente hacia los pobres. Sus prácticas no estaban destinadas a reforzar la rigidez, sino a habilitar la vida, aunque los textos cristianos usualmente enfatizan el legalismo.

El midrash es salvaje y juguetón. Para los rabinos era una manera de "buscar a Dios en medio de ellos" y no como una manera de encontrar alguna clase de respuesta estática, rígida y singular o una fórmula para la vida. Las preguntas, para los rabinos, son más importantes que las respuestas. Espero algún día aprender a leer con la imaginación que encarna el espíritu de la indagación rabínica.

Hay mucho que revisar cuando lees textos antiguos, muchas de las cosas a las cuales no tenemos acceso. Pero si usamos la Biblia para condenar a las personas o exaltarnos a nosotros mismos, a nuestra nación o a nuestras prácticas religiosas —si la usamos como combustible para el odio, el prejuicio y la superioridad moral— no resulta un texto con demasiado potencial redentor.

> *El midrash es salvaje y juguetón. Para los rabinos era una manera de "buscar a Dios en medio de ellos". Las preguntas, para los rabinos, son más importantes que las respuestas. Espero algún día aprender a leer con la imaginación que encarna el espíritu de la indagación rabínica.*

Tienes que pensar en cómo las historias de Agar —la

extranjera a la que se le da la bendición de Dios— y las historias que quiebran las líneas entre nosotros y ellos —todo el tenor del libro que atestigua al Dios viviente que quiere atraer a todas las personas a su seno— nos pueden ayudar a amarnos unos a otros.

Cómo leemos nuestro texto es realmente importante ¿Cómo leemos el Nuevo Testamento o Mateo 23 de una manera que no contribuya a la destrucción del mundo y al prejuicio asesino?

Realmente no parece difícil. Muchas personas señalan que Jesús en realidad no les está hablando a los líderes judíos en este texto ni a sus discípulos ni a la multitud (está usando comunicación indirecta): les está hablando a los fariseos, pero lo que realmente está haciendo es advertir a sus seguidores del poder y del querer tener poder acerca de buscar estatus. De alguna manera, el punto de Jesús no es diferente de lo que tienes en Ester.

128

Tal vez las personas, incluso inconscientemente, se sienten obligadas a leer este tipo de advertencias contra la búsqueda de estatus y la importancia personal como si estuvieran dirigidas a otra persona porque hemos fallado muy miserablemente en prestar atención a la advertencia hacia nosotros mismos.

Jesús es bastante serio acerca de llamar a las personas a renunciar a la búsqueda de poder, riqueza y estatus para formar una comunidad que es antitética a la mayoría de lo que el imperio considera ser importante, una comunidad donde los pobres, los quebrantados, los débiles y los humildes tienen prioridad. Vienen primero.

Es hermoso y medio indignante. Quiero decir, mira al mundo en el que vivimos: ¿Puedes renunciar la búsqueda del estatus? Si no hubiera criaturas que busquen el estatus para innovar, crear trabajo, gobernarnos, proveernos entretenimiento, mejorar la economía, ¿no se derrumbaría el mundo tal y como lo conocemos?

Pero Jesús cuestiona a la criatura que busca el estatus. Aunque quizás hemos escuchado tales preguntas, e incluso las hemos hecho a cierto nivel, no deben habernos perforado el corazón. Porque, si las tomáramos en serio, nos cambiaría el mundo tal y como lo conocemos. Claro que lo haría. Estamos tan embebidos en el reino del imperio, tan formados en las búsquedas que aprendemos al estar escolarizados en él, al respirar sin parar el aire de su imperio, que hemos perdido nuestra imaginación de lo que es posible ¿Cómo vives en este mundo, obtienes un trabajo, tienes una casa, te alimentas a ti y a tu familia, y resistes lo que el imperio aprecia?

Jesús nos empuja a desestabilizar los poderes fácticos y hacernos participar en este esfuerzo —como Agar o Ester— por las buenas o por las malas.

Es mucho más fácil culpar a los judíos o a los musulmanes (o a los republicanos o a los demócratas o a la súper riqueza o a alguien que no sea nosotros) y poner el texto contra alguien más. Estoy bastante segura de que las buenas nuevas nunca son que alguien más es malo, aunque es notable (o desgarrador) cuán a menudo la idea de que alguien más es malo, o al menos peor que nosotros, nos hace sentir bien. Aunque este sentimiento usualmente no nos lleva a una maldad humana tan extrema como el Holocausto, ciertamente no nos lleva al amor.

Juzgar es satisfactorio de un modo muy enfermizo. Notablemente, incluso Martín Lutero, quien tan a menudo y tan profundamente reconoce que es un pecador que necesita la gracia de Dios y que sabe de las profundidades de su necesidad, sigue convirtiendo al texto en un chivo expiatorio.

Estoy bastante segura de que si hay buenas noticias en el texto, son que quien quiera que se exalte será humillado y quien quiera que se humille será exaltado. Tal vez esa sea una bella promesa (aunque no sean magdalenas y helados).

Algunos cristianos creen que el reino se realizará en otra vida, porque no es obvio que sucede en el aquí y ahora. Pero tal vez sí lo hace. Tal vez tengamos que tratar de usar filacterias o flecos para estar más conscientes de que —cada vez que se rocen contra nuestra piel— Dios está en los detalles mundanos de la vida, y así nosotros podamos estar más conscientes cuando seamos liberados, incluso momentáneamente, de la necesidad de exaltarnos a expensas de otra persona.

✖

Estoy bastante segura de que si hay buenas noticias en el texto, son que quien quiera que se exalte será humillado y quien quiera que se humille será exaltado. Tal vez esa sea una bella promesa (aunque no sean magdalenas y helados).

Parte cuatro

María

---

10 La historia bíblica
La subversiva Madre de Dios

María, terreno de todo ser ¡Saludos! ¡Saludos a ti, hermosa y amante Madre!

—Hildegard of Bingen

No importa cuán vulgares y sentenciosos, ordenados y obedientes son los sueños de algunos varones eclesiásticos, María parece tener un centro de gravedad propio, uno que no es atraído, ni sumiso a las construcciones eclesiásticas de lo que su Hijo querría. Y Dios persiste en obsequiarnos esa tensión, esa sensación de más de un centro de gravedad como un alivio y una liberación de las consecuencias de nuestras propias visiones monistas, unívocas y atemorizantes de lo que es aceptable.

—James Alison, *Living the Magnificat*

En la iglesia bautista donde crecí, nos conocimos en un cuarto multiuso. Las sillas plegables podían moverse a un lado para que la juventud pudiera jugar básquetbol. No había arte, incienso, velas o liturgia. Escuchar fue el único sentido que nos permitimos —

coros, himnos, solistas, y sermones—, pero el gusto, olfato, tacto, vista y cualquier cosa que fuera del cuerpo, aparte del oído, era sospechosa.

Tuvimos comidas compartidas, pero se trataba de compañerismo, no de delicias culinarias. Las mujeres podían enseñar en la escuela dominical para niñas o en los estudios bíblicos de mujeres, pero no podían liderar ningún grupo que incluyera hombres. No solo los sentidos no estaban destinados a participar en la casa de Dios, sino que María tampoco estaba incluida.

Mi amiga Phyllis, una consejera y profesora con talento para vestirse; pelo corto, puntiagudo y blanco; una historia muy larga e interesante en la iglesia (católica, celta, ninguna, House of Mercy), dijo que se dio cuenta de que "cuanto más ritual se recorta, más de lo femenino se recorta".

134

Pero por mucho que la iglesia bautista se las haya arreglado para disminuir su rol, no hay forma de evitar este hecho hermoso y sorprendente: en medio de todas las páginas del patriarcado, el evangelio de Jesucristo empieza con la Querida Madre, una mujer que da a luz a Dios

Quizás en parte es por eso que siempre quiero más de María. Como bautistas, se supone que creemos en el nacimiento virginal, pero de alguna manera ni la *virgen* ni el *nacimiento* son importantes en la fórmula. Debemos aceptar ambos como hechos de la Biblia en orden de mantener su interpretación literal. El nacimiento virginal también vació convenientemente de sexualidad al evangelio. A María difícilmente se la menciona (una o dos veces en Navidad, quizás).

Pero por mucho que la iglesia bautista se las haya arreglado para disminuir su rol, no hay forma de evitar este hecho hermoso y sorprendente: en medio de todas las páginas del patriarcado, el evangelio de Jesucristo empieza con la Querida Madre, una mujer que da a luz a Dios.

Cuando los seres humanos comenzaron por primera vez a hacer cosas —quizás antes de que pudieran hablar—, dibujaron y tallaron imágenes de mujeres embarazadas (o tal vez solo eran mujeres gordas, dicen algunos críticos) en paredes de cavernas. Las imágenes femeninas dibujadas y talladas componen algunos de los artefactos humanos más antiguos. Aunque es difícil saber exactamente cómo se desarrolló todo en la prehistoria, no está muy alejado de la realidad decir que las imágenes femeninas que representan la fertilidad se extendieron en lo que ahora conocemos como África, Europa, India, Finlandia, América del Sur y América del Norte —en todo el mundo— mucho antes de que existieran naciones e imperios.

Ya sea que existieran sociedades matriarcales pacíficas o no antes de que surgieran los patriarcados violentos, las deidades femeninas existían en roles centrales en casi todas las culturas en todas partes. La Diosa Gran Madre puede que no haya gobernado el mundo (tal vez el *gobernar* no era lo suyo), pero ella era amada de muchas formas en todo el globo.

No es ninguna sorpresa que un monoteísmo en desarrollo haya intentado deshacerse de los vestigios persistentes de la diosa madre, la Reina del cielo, mientras trataban de solidificar su fe. Sorprendentemente, ella aparece de nuevo en el primer capítulo del Nuevo Testamento. Después de todo el esfuerzo de los editores y sacerdotes de sacar su presencia de la Escritura y del templo, aquí está enseguida la primera cuestión: Dios se encarna a través del vientre de la Madre.

En esta historia, el vientre de María se vuelve el templo del cual Dios emerge al mundo vestido en carne. La presencia femenina ha sido suprimida por siglos, pero aquí está de nuevo —hay rastros de la consorte de *Yahveh* que resurgen en María— y

135

concibe por el Espíritu Santo de Dios. Tal vez era inevitable que apareciera de vuelta. No importan los esfuerzos del patriarcado, no importan las razones por las que la rechazaron: Dios sabe que la necesitamos.

Y no resurge en silencio y recatada. Aunque la iglesia ha hecho un esfuerzo concertado para limar las asperezas de María, cuando aparece en Lucas, casi inmediatamente llama a la agitación del orden establecido. Dios pone el Magníficat en su boca, una canción que a los zares rusos no les gustaba escuchar en la misa porque su mensaje los aterrorizaba: "enviaste a los ricos con las manos vacías", dice. No era algo que quisieran que el pueblo imaginara.

En el siglo XIX, el arzobispo de Canterbury les dijo a sus misioneros en la India que no leyeran las palabras de María porque, en un país con tanta pobreza, pensó que su línea sobre derribar a los poderosos podría provocar disturbios.

136

El Magníficat ha sido llamado "el documento más revolucionario del mundo". La Madre de Dios, por su mera existencia, subvierte los poderes de turno y luego canta esta canción:

> Él derribó a los poderosos de
> sus tronos,
> y levantó a los humildes;
> sació a los hambrientos con buenas cosas,
> y mandó a los ricos con las manos vacías.

No es de asombrarse que haya habido esfuerzos por contenerla al convertirla en un personaje manso y apacible. Escuché un sermón predicado por un hombre poderoso, liberal y blanco que trató de empatizar con María, describiéndola como una adolescente indefensa superada involuntariamente por el Espíritu de Dios (como si hubiera sido violada y el predicador lo entendiera y estuviera de su lado). Sé que no tenía malas intenciones, pero él era el que la estaba desvistiendo de su poder: esta es la mujer que dio a luz a Dios sin la ayuda de ningún hombre. Nada de esto sucedió sin su consenso.

María no acuerda inmediatamente con esto. "Aquel a quien el universo entero no podía contener" será contenido en su vientre (como un himno antiguo lo expresa). Naturalmente, ella pregunta: "¿Cómo puede ser esto?". Ciertamente, María no podía entender cómo funcionaba (¿quién podría?), pero ella acuerda ser parte. *Mansa* no sería una palabra que escogería para ella. "Salve María, llena de gracia", dicen los ángeles. *Llena de gracia*, el atributo más impresionante de Dios. Ella se llama como Miriam, que colidera el Éxodo y cuyo nombre significa *rebelde*.

¿Una adolescente indefensa superada involuntariamente por el Espíritu de Dios? No lo pondría de esa forma ¿Una subversiva que de alguna manera se abre camino al Vaticano y a las repisas de los hogares fundamentalistas con sus pesebres navideños en Texas y Tennessee? Tal vez es más como eso.

Esta historia del nacimiento de Jesús está contada en el medio de una cultura donde todo estaba estructurado alrededor del pasaje de la semilla masculina. Era la forma en que obtenías tu honor, estatus y tu lugar adecuado en la jerarquía. Y aquí, en la historia de María, la historia de Dios encarnándose en el mundo, el *servicio* masculino está notablemente ausente.

La iglesia a menudo enfatizó en eso porque el nacimiento fue *virginal*, de algún modo fue

> *María no acuerda inmediatamente con esto [...] Naturalmente, pregunta, "¿Cómo puede ser esto?... Mansa no sería una palabra que escogería para ella. "Salve María, llena de gracia", dicen los ángeles. Llena de gracia, el atributo más impresionante de Dios. Ella se llama como Miriam, que colidera el Éxodo y cuyo nombre significa rebelde.*

espiritual, no físico. Pero, claro, la centralidad de la encarnación es lo físico. Al feto de Jesús le crecerá un corazón y pulmones a partir de las proteínas que come María. Jesús nace como todos los seres humanos: el cérvix de María se va a dilatar y tendrá que pujar. El nacimiento de Jesús involucra de gran manera al cuerpo. De todos modos, lo que no involucró fue la semilla masculina. El falo no tiene parte en la concepción de Cristo, la historia más grande jamás contada (como a veces se le llama).

De algún modo, Mateo cuenta la historia en su Evangelio tan masculinamente como le es posible en esas circunstancias. El apóstol dice: "Ahora el nacimiento de Jesús sucedió de esta manera", y procede a contarnos sobre José. José esto. José aquello. José es un hombre justo. José resuelve divorciarse de María en secreto. José escucha un ángel que le dice que no se divorcie, y de alguna manera esto hace que José sea el héroe del relato de Mateo sobre el nacimiento de Jesús. Me parece un poco desagradable que Mateo escoja contar la historia del nacimiento de esta manera.

El Evangelio de Lucas lo compensa. En Lucas, el ángel viene a María y le cuenta que ella ha sido escogida para dar la luz al salvador. Ella dice que así sea. No consulta con su prometido o su padre. No lo consulta con ningún hombre. Ella acepta por su propia voluntad concebir en su útero y tener un hijo.

El ángel que visita a María le anuncia que no solo ella va a tener un hijo, sino que Elisabet, una pariente suya, también está embarazada. Elisabet era mayor y había sido llamada estéril. El escuchar que estaba embarazada le debió haber parecido increíble. Inmediatamente, María corre a visitar con Elisabet y juntas celebran su fertilidad. "Bendito sea el fruto de tu vientre", dice Elisabet cuando el feto salta en su panza de embarazada. Todo se trata de mujeres, vientres, y una canción sobre derrocar el *statu quo*.

La cultura Occidental es asombrosamente incorpórea

La cultura Occidental, en general, ha tenido una relación incómoda con la carne: carne gorda, carne delgada, carne vieja y carne moral, eso seguro. La aversión por la carne ha impulsado gran parte de la historia del pensamiento Occidental. El ansia de escapar del cuerpo ha sido un deseo enormemente influyente a lo largo de los siglos. Sería genial si de alguna manera pudiera existir en el campo de la pura razón o del espíritu o de la tecnología; algún lugar que no sea afectado por la digestión y los gases. Como si fuésemos a ser *salvados* si solo pudiéramos conseguir que nuestras mentes o espíritus trasciendan nuestros cuerpos. El cuerpo no fue precisamente algo abrazado y apreciado por los fundadores de la tradición cultural e intelectual Occidental.

No es de asombrar que un poco de esto nos haya contagiado, a veces de modos muy personales. La carne es desconcertante a pesar de los esfuerzos, a veces heroicos y a veces desesperados, por hacerlo de otra manera, fuera de nuestro control. El cabello crece incontrolablemente, a veces desde nuestras narices (o se cae, se debilita, pierde su brillo). La piel se vuelve menos elástica con el tiempo. Se debilita y arruga. Claro que hay bótox, cirugía plástica y gimnasios, pero no puedes hacer una liposucción para llegar a la inmaterialidad.

Somos materia que decae rápidamente (si consideras el alcance del tiempo). También somos, en nuestro ser físico, casi sorprendentemente necesitados de diez mil cosas, como vitaminas A, B, C, D y E; sol, oxígeno y agua. Necesitamos comer (muchos diferentes tipos de cosas). La carne puede ser eficiente, pero está lejos de ser autosuficiente. Es contingente, necesaria y vulnerable. Esas cualidades y el hecho de ser mortales parece que de alguna manera generan una preferencia hacia la verdad que es inmaterial, incorpórea y espiritual como opuesto a lo físico (algo más dignificante de lo que nos permiten nuestros órganos).

139

Nuestra preferencia por lo inmaterial ha contribuido a nuestro desprecio y falta de respeto por el mundo natural. No respetamos los recursos materiales; los usamos. Taladramos, extraemos, violamos y saqueamos el mundo material lo cual podría explicar la situación en la que estamos ahora.

Los cristianos son igual o más responsables que cualquier otro por esto. Podrías pensar que la historia del Dios encarnado tendría que haber ayudado a contrarrestar el desprecio por lo material. Dios se vuelve físico, encarnado, provisto de carne en María. Nadie puede negarlo, es una historia escandalosa, con toda su especificidad escandalosa. Dios viene al mundo como todos los mamíferos, como un grupo de células unidas a la pared uterina alimentadas por la placenta, un niño que mamará la leche de los senos de María. Es Dios mezclado en las moléculas de la vida. María tiene un modo de mantener las cosas a tierra.

> *Dios se vuelve físico, encarnado, provisto de carne en María. Nadie puede negarlo, es una historia escandalosa, con toda su especificidad escandalosa. Dios viene al mundo como todos los mamíferos, como un grupo de células unidas a la pared uterina alimentadas por la placenta, un niño que mamará la leche de los senos de María. Es Dios mezclado en las moléculas de la vida.*

Me gusta el pensamiento de la iglesia de los antiguos Padres (un poco mojigata, patriarcal, tal vez misógina), que tiene que contender con el vientre de la madre. Eventualmente, acuerdan de alguna manera que, por más perturbador que les resulte a cualquier nivel, el cuerpo sigue siendo el escándalo en el centro de la fe cristiana; la encarnación de Dios en la carne humana, jugando siempre con la división entre lo sagrado y lo profano.

140

El Santísimo

Después de acordar llevar a Dios en su vientre, una vez que está hablando con su amiga, María dice: "Mi alma magnifica al Señor". James Alison, en su bello ensayo "Viviendo el Magníficat", concluye que esta línea "significa exactamente lo que dice: Dios se hace más grande y magnífico, por el alma de Nuestra Dama. Con el tiempo, la forma de su vida corporal hará que Dios sea más Dios que antes. Del mismo modo que una heroína superlativa de ópera hace que Rossini sea más Rossini de lo que era antes de su actuación. Y, claro, Dios se deleita de ser "más Dios".

Alison señala que Lucas usa el lenguaje de María que se refiere a varias historias en la Escritura hebrea acerca de lugares santos en la religión hebrea (el Arca del Pacto y el tabernáculo). El feto de Juan el Bautista salta ante el vientre de María como el Rey David saltaba ante el Arca del Pacto. El Espíritu de Dios sobrevuela a María como el Espíritu sobrevolaba el arca y el tabernáculo en el desierto.

Un espacio en el centro del templo en Jerusalén era llamado *el santo de los santos*, o *el lugar santísimo*. "Simboliza el lugar a través del cual Dios hizo a la creación", dice Alison, "el portal a través del cual estalló la vida". Una vez al año, el pueblo de Dios observaba un día religioso y santo importante: el Día de la Expiación.

En ese día, el sumo sacerdote toma el rol de Dios, que vendrá a este mundo. Así que él va al lugar santísimo y se viste con túnicas fluidas y sin costuras. Las túnicas están hechas de la misma tela que el velo que cuelga sobre la puerta de entrada del lugar santísimo (el portal simbólico de la creación).

En la culminación de la ceremonia (imagino que todos están afuera cantando excitados, y que alguien toca la pandereta), el sumo sacerdote camina y sale a través del velo. Y en este momento de la ceremonia, es como si YHWH —el invisible, cuyo nombre no debe ser pronunciado— sale hacia el mundo y puedes ver a Dios, realmente visiblemente, materialmente. Solo es el sumo sacerdote con un velo sobre su cuerpo, pareciéndose a un niño disfrazado para *Halloween* con una sábana sobre su cabeza. Es un acto, una performance, un momento ceremonial pero, aun así, en ese momento es como si lo divino se hiciera presente en el mundo físico.

Era tan solo un ensayo general con los vestidos, como dice Alison.

Algunos escritores y artistas tempranos imaginan que María está sentada en el piso tejiendo este velo para el templo a través del cual vendrá el sacerdote, de modo que cuando llegue el ángel para decirle que Dios va a venir al mundo, no lo va a hacer a través de ese velo, sino a través de su vientre. Es sorprendente cómo acuerda con esto sin reparos —parece que será algo impactante— aunque el texto dice que está muy preocupada. Puedo imaginarlo.

142

Durante sus nueve meses de embarazo, María teje el velo de carne, que hará visible a Dios en el mundo. Lucas, con sus alusiones escriturales, sugiere que todos estos tipos de lugares sagrados vinieron antes de María, pero eran meros objetos cúlticos utilizados para actos simbólicos ocasionales; cosas que apuntaban más allá de sí mismas. María, una mujer —no un objeto cúltico, no algo hecho de oro o madera, sino una humana viviente de carne y sangre— realmente será el portal para la encarnación de Dios en el mundo. Y no lo va a hacer en el medio de una estructura sagrada gigante y pesada como el templo (que, como la iglesia, era una institución religiosa). Lo está haciendo como un ser humano vivo, vulnerable, consciente: una madre. Ella hace esto ceremonialmente, de forma ordenada y obediente al programa establecido por la jerarquía eclesial.

María es un pequeño aposento hecho de madera en el centro del templo al cual los sacerdotes entran, pretendiendo ser

Dios. Realmente es Dios, así va la historia. El amante más amoroso, amable y tierno del mundo que va a salir de su aposento interior, y ningún hombre necesita entrar primero en ella para volver a salir con diferentes túnicas.

El nacimiento virginal, por mucho que haya sido cooptado a los fines ascéticos de la iglesia primitiva, no se trata de poner en duda la bondad de la creación sexual. Está más atado a la noción de la creación original, creando algo de la nada.

María va a dar a luz a algo nuevo. "Ella está viviendo una creación virgen, nueva, fecunda, fresca, madura, con posibilidades de parte constante, no dirigida por hombres, no atada a la propiedad o a las pertenencias", dice Alison. Esta creación no sale de la antigua necesidad masculina de propagarse o controlar. No viene del orden patriarcal de templo hebreo.

En la historia de María, Dios derriba a los poderosos de sus tronos: los sumos sacerdotes pierden su lugar. En esa sintonía, exalta aquellos de baja estima: María y Elizabeth. Y manda a los ricos con las manos vacías: el lugar santísimo ahora está vacío, pero no porque Dios odia a los poderosos y a los ricos y quiere incitar al pueblo a que tome las armas contra el templo patriarcal. Dios despide a los ricos porque la Gracia de Dios no viene a través del sistema de poder que maneja al mundo, y esta gracia es mucho mejor que cualquier cosa posible que podamos construir para nosotros mismos.

No tienen vino

El Evangelio de Juan no tiene una narrativa de nacimiento en absoluto. El autor comienza su libro haciendo una enorme declaración sobre Jesús—lleno de gracia sobre gracia, verdad, la luz de todo ser humano, y de repente, en el segundo capítulo, la vida y luz del mundo, a través de quien todo fue hecho, está en una boda con su mama—parado por allí, como cualquier otro, cambiando su peso de un pie al otro—preguntándose si la comida estaba rica.

Jesús está a punto de realizar el primer acto de su ministerio público. Se ha hecho mucho de esto—el Milagro en Caná, la Primera Señal. Pero no parece que fuera realmente su idea. Lo hace porque su mamá le dice que lo haga. No vemos mucho a María en este Evangelio, pero me gusta el vistazo de ella en la boda.

Puedes encontrar imaginario de bodas por toda la Biblia. En Isaías la tierra está casada con Dios, que se deleita en ella como un joven que se casa con una virgen. Es una metáfora medio subida de tono. Dios está casado con la tierra y se deleita en ella, no como una pareja anciana se deleitan uno al otro—sino como el primer sonrojo de un poco de alegría erótica. La Escritura es tan rara e interesante.

144   El vino también está por toda la Biblia. Cuando algunos de los escritores piensan la esperanza más apasionada para lo que ha de venir —la gran esperanza escatológica más allá del tiempo, al final de toda la realidad ordinaria—, imaginan enormes cantidades de buen vino.

Amós dice que la montaña goteará vino dulce, y que todas las colinas fluirán con ella. Isaías imagina la consumación del reino de Dios como Dios haciendo una fiesta de rica comida para todas las personas, un festín de vinos bien añejados. Esto parece una gracia que podrías sentir y probar y que te satisfaría de manera concreta.

Así que cuando Jesús y su mamá están en esta *boda* y ella parece notar casi inmediatamente "no tienen *vino*", pareciera un pronunciamiento de pesimismo y desesperanza sin alegría. Y lo era: no solo una desgracia social enorme, sino un mal augurio para la pareja.

En la primera ojeada que tenemos de la madre de Jesús

en el Evangelio de Juan, las primeras palabras que pronuncia son "no tienen vino". Es casi como un lamento. La única vez que la volvemos a encontrar en este libro es a los pies de la cruz en la que muere su hijo. Es como si apareciese en los momentos arquetípicos de la ansiedad humana: la muerte y el momento en que se acaba el vino.

Algunos intérpretes protestantes, desanimados por la "reverencia romanista de María", usan este pasaje como evidencia de que María no es realmente digna de veneración, como si estuviese preocupada por las cosas ordinarias ¡Por Dios! ¿Qué necesidad? Salve María, llena eres de gracia, si me preguntan ¿Acaso no necesitamos ayuda con las cosas ordinarias?

No se encuentra aquí del modo en que las estatuas y pinturas cursis la imaginan: toda la cuestión de la imagen servil y tranquila de la doncella. Es una breve escena, obviamente, pero no diría a partir de este vistazo que ella realmente parezca adorar a su hijo (aunque estoy segura de que lo ama locamente). Ella piensa que él debería ser útil, que debería ayudar a estas personas en este momento real de sus vidas reales. Digo, si realmente él no puede ayudar a nadie ¿cuál sería el punto? ¿Sublimidad y grandeza? ¿A quién le importa? ¿Qué logra eso? Tal vez ella esté esperando que sea ese tipo de hombre que es feliz de ayudar en la cocina.

María se ve pensativa en esta escena, pero Jesús no parece muy generoso en este momento. La mayoría de los comentarios insisten en que la respuesta de Jesús a su madre no es impaciente o irrespetuosa, y tal vez las palabras "Mujer ¿qué tienes conmigo?" sean un código para decir "gracias por darme luz y alimentarme de tu propio cuerpo", aunque a mí no me suena. Tal vez haya una mejor traducción. Pero de una manera u otra, parece que su agenda o propósito es más importante que lo que está pasando en la vida de esta familia.

Pero María es profética, a tierra e intrépida: ella ignora

145

el rechazo de su hijo como si no estuviera escuchándolo, como si tal vez supiera algo. Por más distante, insensible y reacio que pueda parecer Jesús cuando se le interrumpen sus planes, su madre realmente confía en él para comenzar su ministerio. Y este primer signo de gracia palpable será importante. Ella confía en él para que haga algo acerca de esta situación llena de ansiedad arquetípica. No hay suficiente vino, luz, calor o amor; no hay suficiente para cubrir las necesidades del mundo (que es bastante vasto). Y aunque Jesús dice que no era su hora, toma la directiva de su mamá para abordar la situación.

La piedad

Juan es el único de los escritores del evangelio que especifica que María la Madre de Jesús estaba al pié de la cruz cuando Jesús murió. Los demás escritores del evangelio acuerdan en que había mujeres ahí (las que se quedaron con Jesús cuando los discípulos huyeron). Juan no lo elabora mucho, pero la escena está prominentemente en la imaginación religiosa.

Los tres versículos que Juan incluye han inspirado una multitud de himnos, poesía, e incontables obras de arte: casi todo artista que pintó la escena sitúa a María en la cruz. No hay un escritor de los evangelios que diga que Jesús yace en los brazos de su madre, pero la Piedad, la imagen de María acunando el cuerpo muerto de Jesús, es arquetípico.

Cuando José y María están buscando al joven Jesús en el templo, Lucas dice que Simeón profetizó que una espada atravesaría el alma de María. Estas son palabras elocuentes para lo que se siente sufrir la pérdida de un hijo o incluso imaginar la pérdida de un hijo o incluso mirar a tu hijo sufrir.

La cruz es la historia de cómo Jesús participa en el sufrimiento humano, revela que Dios está presente en nuestro dolor y sufrimiento, pero no estoy segura de que siempre seamos capaces de sentir como sufrió Jesús. Tal vez no podamos relacionarnos del todo con el sufrimiento de Jesús porque él es Dios encarnado; murió para salvar al mundo (así se nos dice); él es un mártir en una cruz, no es como nosotros. Pero el sufrimiento de María es visceral para nosotros. Ella ve a su hijo morir.

Apenas puedo atravesar las estaciones del servicio de la Cruz que hacemos cada Viernes Santo sin llorar cuando llegamos a la estación cuatro: *Jesús Encuentra a Su Madre*. Leemos las líneas: "Una espada de lamento atravesó el alma de una madre y llenó su corazón con un dolor amargo". O la estación trece, *El Cuerpo de Jesús Es Colocado en los Brazos de Su Madre*: "María llora y no hay nadie para consolarla. Comparte las lágrimas incesantes de María, cubriendo a su hijo sin vida". Mi hijo, Miles, casi muere durante el parto, estuve cerca de no verlo. Inmediatamente, lo llevaron volando en un helicóptero al hospital de niños de la ciudad. Cuando tenía doce, Olivia tuvo un tumor raro y potencialmente mortal en su espina que requería cirugía que podría paralizarla o matarla. No he tenido un hijo muerto en mis brazos, pero me he sentido enferma con miedo a ello. No sé cómo las personas sobreviven a la muerte de un hijo.

De todas las formas en que María se les manifestaría a las personas en los tiempos por venir, ella será vista más poderosamente como alguien que conoce de sufrimiento. Jesús usualmente puede mostrarse como alguien un poco preocupado con su misión. Ciertamente él no

> *La cruz es la historia de cómo Jesús participa en el sufrimiento humano, revela que Dios está presente en nuestro dolor y sufrimiento, aunque no estoy segura de que siempre seamos capaces de sentir como sufrió Jesús. Pero el sufrimiento de María es visceral para nosotros. Ella ve morir a su hijo.*

es un estoico desapasionado, pero tal vez el compromiso con su misión lo hace parecer que no *siente* demasiado, y nosotros necesitamos a alguien que entienda nuestros sentimientos. Necesitamos una madre (o una hermana o un amigo que no sea impasible, desapegado o sin emociones).

En el Evangelio de Juan, cuando Jesús está colgando de la cruz, mira a su madre. Juan escribe: "Cuando Jesús vio a su madre, y al discípulo amado parados cerca, le dijo a su madre: '¡Mujer, mira a tu hijo!'. Luego le dijo al discípulo: 'Mira a tu madre'". Jesús no dice mucho desde la cruz, y lo que dice no son palabrerías. Quizás esta declaración está incluida para mostrarle al lector que a Jesús realmente le importaba su madre a pesar de toda esa charla de "mujer, qué tienes conmigo" en la boda. O tal vez es una invitación a todos los discípulos por venir; una invitación para cualquiera que lo siga: "Vengan, miren a su madre", como si reconociera nuestra necesidad. Jesús nos provee de una madre.

En los aposentos altos

La última vez que María aparece en la historia del evangelio es en el aposento alto el día de Pentecostés (en Hechos, diez días después de que Jesús ascendió al cielo). Estaban Pedro, Jacobo, Juan, Andrés, Felipe, Tomás, Bartolomé, Mateo, Jacobo, Simón y Judas el hijo de Jacobo. Me pregunto si la agitación de los vientos y las lenguas de fuego la habrán impresionado.

María apenas aparece en las cartas de Pablo. No la menciona por su nombre. Gálatas 4 dice: "Pero cuando llegó el momento, Dios envió a su Hijo, nacido de mujer" o "hecho de una mujer" o "una mujer le dio a luz", según varias traducciones. Esto es significante; obviamente, el Hijo de Dios es hecho de mujer (nada de Dios sacando una costilla de Adán). Tampoco como Zeus, que dio a luz a Atenea desde su cráneo. Jesús está hecho de una mujer. Pero San Pablo no se detiene en esto.

El canon oficial no le da tanto espacio a María como nuestra curiosidad quizás demande. Conocemos más de las características personales de las personas en la Escritura hebrea: David era alto, Esaú era peludo, Abraham podía ser emocional a veces, Rebeca era una tramposa. El Nuevo Testamento es escaso en este tipo de información, así obviamente nos preguntamos: "¿Quién era ella?".

Se nos deja con nuestras imaginaciones. En la novela de Colm Toibin, *The Testament of Mary*,[1] a María no le gustan los discípulos. Ella sospecha de su proyecto y ellos se encargan de sus necesidades después de que su hijo muere, pero son hombres impacientes, a veces insolentes e insensibles, empeñados en una misión. Ella no cree en su misión. Siente que ellos son responsables de la muerte de su hijo. Le gusta la diosa Artemisa, una diosa madre, que la conforta. Compra una estatua de ella un día cuando visita su templo y le susurra de noche cuando los hombres están fuera de la vista.

149

De la tierra

En el último libro de la Biblia, Apocalipsis, el autor tiene una visión de una "mujer vestida con el sol, con la luna debajo de sus pies y en su cabeza una corona de doce estrellas". La mujer celestial es atacada por dragones y da a luz a "un niño, uno que reinará todas las naciones con vara de acero". A ella se le dan alas que la llevan a un lugar en el desierto donde se alimenta por un tiempo. La serpiente ataca de vuelta: "Pero la tierra viene en ayuda de la mujer". Muchos intérpretes ven a María en este pasaje de Apocalipsis 12. Parece que aquí, en su última aparición en el Nuevo Testamento, es la tierra que viene a ayudarla. Ella ha hecho tanto para mantener la fe a tierra.

Si de alguna manera fallamos en ver a Dios encarnado en

---

1 Puede traducirse como *El Testamento de María*

su propia creación, María, decisivamente, trae a Dios al mundo material de nuevo. Ambos, el creador Dios y el Dios nacido, nos muestran un Dios que está dentro de este mismo mundo. Tal vez la tierra alimenta a María en gratitud por cómo ella la nutre, y la aprecia por en tanto que juega en *traer a Dios desde el cielo* (como leemos en el Credo de Nicea)

Necesitamos mucha ayuda en este planeta quebrantado. Creo en la gracia de Dios. Pero cuando mueren niños y los adolescentes son baleados por la policía, y todo el Caribe está siendo devastado por daños de huracanes sin precedentes, y las personas que siempre son golpeadas duramente son golpeadas más fuerte, y un amigo pierde a su hijo de veintidós años, no sé cómo se supone que los agraviados deben armarse del esfuerzo de Agar o de los encantos de Ester. Necesitamos sus historias para que nos den esperanzas y fortaleza e ideas para la resistencia, pero en ciertos momentos estamos tan tristes, enfermos, y cansados que necesitamos ser capaces de acostarnos y encontrar descanso en los brazos de una madre que sabe sufrir, que conoce tan bien el dolor. Ella es la mujer vestida de sol que nos calienta, el sol que nos mantiene vivos incluso cuando difícilmente prestamos atención a su presencia. Ella nos trae un Dios que es de la tierra, no ajeno. Este es el Dios que los corazones partidos necesitan.

11 La reina que cambia de forma:
diosas, Guadalupe y abuelas

Al vivir aquí, en la Ciudad de Dios, tengo que considerar la gran posibilidad de que él, de manera intencional y continua, haga nuevas todas las cosas al mezclarlas deliberadamente.

—Sara Miles

Las obras canónicas pueden no detenerse mucho en ella, pero la historia del cristianismo no se toma demasiado tiempo antes de que María se convierta en objeto de profunda devoción. La primera oración Mariana que se conoce es del tercer siglo: "Debajo de tu compasión podemos refugiarnos, oh Madre de Dios, no desprecies nuestras peticiones en tiempos de angustia, sino rescátanos del peligro; tú, la única pura; tú, la única bendita". Su exultación estaba en marcha. Para el quinto siglo, las imágenes artísticas de María comenzaron a aparecer. Eventualmente sería retratada en el arte y la música más que cualquier otra mujer en la historia del mundo.

"Es un hecho que provoca reflexión", dice Robert Gregg en su libro *Shared Stories, Rival Tellings*, "que en los siglos anteriores al estallido de controversia entre cristianos del siglo VIII sobre el uso de imágenes o iconos religiosos, las imágenes de la Virgen y el niño superaran en gran medida las imágenes sobrevivientes o conocidas de Cristo". Un texto anterior, posiblemente de Orígenes, le da el título de *domina*, la forma femenina del latín *dominus* (señor).

A los primeros editores de la Biblia les preocupaba que la Reina del Cielo fuera una amenaza para el monoteísmo que promovieron. Tal vez ella lo era, pero concluir que no la necesitaban fue un descuido editorial.

Amada, imaginada y reimaginada por reyes, reinas y papas, María ha sido venerada por los marginados una y otra vez; por campesinos, mujeres, cultos de la jungla brasileña, pastores portugueses, adolescentes ruandeses, a veces alterando el orden social, y otras la jerarquía de la iglesia. La Madre de Dios da luz a algunas barreras y límites estrictos, heterodoxos pero impenetrables, que puede que no siempre sean lo que sirve al corazón del mundo.

Antes de la uniformidad

Antes de que las creencias y prácticas que se desarrollaron alrededor de Jesús se volvieran la religión oficial del imperio bajo Constantino (alrededor del 336) y antes de que cualquiera haya insistido alguna vez o, incluso, luchado por algo como la uniformidad doctrinal cristiana, aparecieron diversas creencias en el mapa cristiano primitivo. Y la idea de que había "una forma correcta de pensar sobre las cosas" no estaba en la conciencia general. A pesar de que el judaísmo estaba bien establecido, la tradición judía no trataba (y todavía no lo hace) de convencer a otras personas de que acepten su creencia y práctica.

Esto significaba que muchas maneras de percibir a Dios y actuar una fe se sentaban lado a lado. Ningún sistema dominante o global gobernaba el pensamiento y las creencias cristianas. Estoy segura de que era un poco caótico, pero lo imagino vivaz. Circulaban muchas historias sobre Jesús (su nacimiento, vida y muerte). Y había muchas historias sobre su madre. Las historias que eventualmente la comunidad consideraba confiables o importantes eran canonizadas. Pero la mayoría de las historias de María permanecen fuera de las narrativas oficiales, precanónicas, poscanónicas, y en la escritura apócrifa del siglo entero: Fátima en Medjugorje, Lourdes en Polonia, y Ruanda en Egipto y China. Las autoridades nunca la regularon exitosamente. Las personas nunca dejaron de hablar de ella, de tener visiones ni de ser curados y confortados por ella.

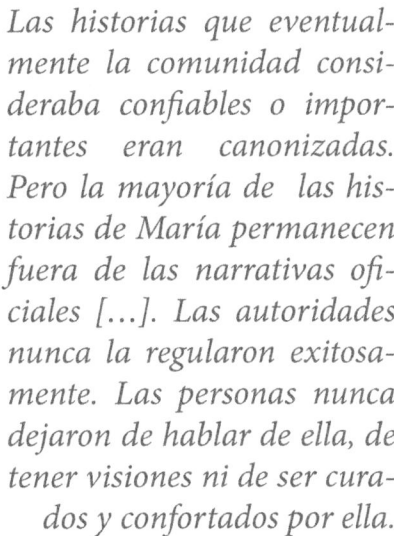

Las historias que eventualmente la comunidad consideraba confiables o importantes eran canonizadas. Pero la mayoría de las historias de María permanecen fuera de las narrativas oficiales [...]. Las autoridades nunca la regularon exitosamente. Las personas nunca dejaron de hablar de ella, de tener visiones ni de ser curados y confortados por ella.

Hay tantos apócrifos acerca de María, que podrías estudiarlos de por vida. Ella fue concebida (inmaculadamente) a través del beso de sus padres. O fue concebida normalmente, pero es inmaculada y pura. Es por siempre virgen. O tuvo otro hijo además de Jesús. Su cuerpo fue llevado al cielo al final de su corta vida o murió y fue resucitada. Hay muchas versiones de María.

María danzante, José viejo

En el Evangelio de Santiago, escrito algo así como 121 años después del nacimiento de Cristo, se dice que María es de una familia respetada. Su padre es Joaquín. Su madre es Ana. Su padre es rico, pero él y Ana no pueden tener hijos. Ana es ridiculizada por no

153

tener hijos. Pero luego, inesperadamente y a una edad avanzada, Ana concibe (tal vez a través de un beso, quizás a través del sexo, no está del todo claro) y da a luz a María: una hija vivaz, preciosa y rara, que es dada al templo cuando tiene tres años. La pequeña era "encantadora", dice este texto apócrifo antiguo, y "ella expresaba su espíritu elevado en una danza en los escalones del templo".

María vivió en el templo hasta el inicio de la pubertad, cuando ya no podía quedarse ahí. Afortunadamente, el sumo sacerdote a cargo recibió un mensaje de Dios diciéndole que debería mandarla con José, un viejo viudo con niños pequeños.

En "La Historia de José el Carpintero", que se expande en el Evangelio de Santiago, María cuida felizmente al niño más pequeño sin madre. Sus hijos son más cercanos a ella en edad que a José. En ambas versiones, cuando la joven en la casa de José (que realmente apenas conocía) queda embarazada, él se alarma. Pero tal vez es muy viejo (sabio y experimentado) para alborotarse al respecto, y lo deja pasar.

María da a luz a Jesús. En "La Historia de José el Carpintero", José recuerda el nacimiento en su lecho de muerte: "Nunca había oído hablar de una mujer que concebiría sin un hombre". José tiene una muerte dificultosa. Jesús lidera el luto y lo elogia en su funeral.

Aunque esta historia de María no está en el canon bíblico, mucho de la tradición cristiana aceptó esta versión de los primeros años de la vida de María. La historia dice que cuando Martín Lutero era un estudiante de leyes, fue atrapado por una tormenta eléctrica en el camino de regreso de la escuela después de visitar a sus padres. Un rayo cayó cerca de él y lo arrojó al piso. En ese momento de miedo y peligro, oró a Santa Ana, la madre de María. "¡Santa Ana, ayúdame! Si lo haces, me volveré monje". Él sobrevive y mantiene su promesa. Algunas personas ven esto como el momento que pone en marcha la Reforma.

154

Santa Ana es la patrona de las mujeres solteras, amas de casa, y mujeres en trabajo de parto, abuelas, jinetes, mineras y ebanistas. Cuando visité Alemania, vi su imagen por todas las iglesias luteranas que conocí. A menudo, figuraba sosteniendo a María en su regazo, enseñándole a leer.

Pobre y licenciosa María

Alrededor del 178, una versión de María según Celsus empieza a circular. Solo conocemos esta versión por las objeciones que se le realizaron: él insistía en que Jesús había inventado su nacimiento virginal; de hecho, María era una pobre mujer que subsistía hilando lana. Ella fue rechazada por su marido, un carpintero, porque tuvo sexo con un soldado romano llamado Pantera. Jesús era el hijo bastardo de un soldado romano y María, una hilandera adulta.

155

Su vientre fue un lugar de gran belleza

Una imagen convincente de María surge entre los cristianos sirios a fines del primer siglo. Ellos eran claros acerca de su identidad judía. Siempre imaginaron la presencia de Dios —la llamaban *shekinah*— como femenina. Esta presencia femenina divina se fusionó bien con la noción de una mujer, María, como la morada de Dios. "El hijo es la copa", escribieron, "y el padre es el que fue ordeñado. Y el Espíritu Santo es *la* que lo ordeñó. El útero de la virgen lo tomó, recibió la concepción y dio a luz".

Ellos imaginaron que el drama del pecado y la redención se manifestaban en solo órgano femenino: el oído de María. "Como Eva escuchó a la serpiente, así María concibió a su hijo salvador a través de su oído".

Isis

La religión egipcia tuvo a una diosa madre muy amada, indígena y formidable, de procreación, parto y fecundidad: Isis. Isis ha sido amada en Egipto desde el siglo veinticuatro a. e. c. El cristianismo se empezó a distribuir en el Mediterráneo oriental para la misma época en que la popularidad de Isis empezó a llegar a su pico en la misma región. Pronto, las ideas de María se fusionaron con ideas de Isis. *El Libro de los Muertos* describe a Isis como "aquella que da a luz al cielo y a la tierra, conoce al huérfano, a la viuda, busca justicia para los pobres y refugio para los débiles".

Una antigua pintura en la pared justo al sur del delta del Nilo (que data de mucho antes que los Evangelios) muestra a Isis sosteniendo a su hijo en su regazo y ofreciéndole un pecho, mientras ambos miran directamente al observador. La obra se parece mucho al icónico *Madonna con niño*. Muchas estatuas de Isis sosteniendo a Horus, su hijo, se parecen a las de María sosteniendo a su hijo.

Isis era tan amada y tan amorosa que encontró su mayor delicia en la sanidad de la humanidad. Tenía una gran destreza física y una energía vital. Era la diosa de la fertilidad. Si bien no estoy considerando esta conexión desde cada ángulo posible, este paralelo no parece amenazante. Puedo imaginar una María más preocupada por los pobres, huérfanos, viudas y débiles que con mandatos de mantener una identidad pura.

Theotokos

Después del primer Concilio de Éfeso en 431, hecho en una iglesia de Éfeso dedicada a ella cientos de años atrás, María es pronunciada oficialmente *Theotokos*, la Madre de Dios. Pronto, la gente empezó a llamarla *La Reina del Cielo*. Seriamente. El título causaba controversia, pero aun así se hizo oficial. Después de todos los esfuerzos de los primeros editores monoteístas en desacreditar la Reina, aun así ella persistió.

La virgen del imperio

Mientras el cristianismo y el imperio se casaban, los fundadores creían que la naturaleza de las prácticas y creencias cristianas, más bien locales y de poca monta, debían organizarse. Un sistema coherente era visto como una necesidad. El imperio necesitaba tener un claro sentido de lo que era el cristianismo, y ese sentido tenía que ser dignificado lo suficiente como para ser una religión imperial. Cómo representar a un dios hecho carne y a su madre se volvió un objeto de intensa discusión. En el curso construir este sistema, la pureza de María, su virginidad, se volvió central a su identidad.

Las tradiciones de virginidad cristianas tanto entre hombres como mujeres se habían vuelto populares. En el imperio había una tradición de creencia y práctica estoica que pensaba que controlar el cuerpo —absteniéndose del sexo— era una enorme virtud. En este periodo y mentalidad cultural, María se convirtió el símbolo de la pureza monástica.

En las palabras de Atanasio: "María era una virgen santa, con la disposición de su alma equilibrada… no deseaba ser vista por la gente… tampoco tenía ímpetu de salir de su casa, ni estaba familiarizada con las calles; más bien, permanecía calmada en su hogar, imitando el vuelo de una mosca sobre la miel. Y no permitía a nadie cerca de su cuerpo a menos que estuviese cubierto y controlara su ira". Ella leía la Escritura todo el día, nunca se distraía, ni siquiera echaba un vistazo por la ventana.

No es la chica vital y danzarina en los escalones del templo. Y es completamente opuesta a Isis.

Esta versión de María envalentonó al movimiento monástico en su celebración del celibato y puede que haya permitido la autonomía de algunas mujeres y les haya dado libertad para no elegir el matrimonio o la maternidad. Pero en el texto que rodea la sistematización de María, abundan las imágenes perturbadoras: Ambrosio, obispo de Milán y una de las figuras eclesiales más influyentes del siglo IV, "se deleitaba en describir el cuerpo sellado y puro de María como una puerta cerrada". Sí, había cuestiones teológicas importantes en juego, tales como la plena humanidad de Cristo y la naturaleza de la encarnación, pero hubiese estado mejor para las mujeres en el largo plazo si algunos de estos ancianos hubieran apartado su mente del cuerpo de María.

Para Ambrosio, la virginidad era cuestión de separación. Era mejor mantener que las sustancias de contacto sexual mezcladas se mantuvieran separadas. Los cuerpos virginales eran protegidos de tal mancillamiento. Este tipo de pensamiento fundacional —retratar el sexo como un acto que ensucia a las personas— fue perjudicial para las perspectivas futuras de una sexualidad humana sana (por decirlo suavemente). Fue hace mucho, lo sé, pero no estoy segura de que hayamos superado este envenenamiento de Eros.

María #*MeToo*

El alma de María magnifica al señor, no lo disminuye. Pero María paga por todo el coraje y gozo que manifiesta en su voluntad de ser el portal para que Dios venga al mundo. Ella supone un problema para el patriarcado, y es más bien desgarrador ver cómo, a través de la historia de la iglesia, los hombres la manipulan, examinan, desproveen de su sexo, se obsesionan con su sexo, y la anatomizan voyeuristicamente.

Los concilios de hombres se sentaban alrededor de las mesas y discutían sobre el aparato reproductor de María: ¿Cómo pudo Jesús atravesar su canal de parto sin romper *su sello* (tal como ellos lo expresaban)? En efecto, ¿cómo?

Lucas dice que María era joven, pero algunos de los arquitectos de la iglesia decidieron que debería ser muy joven (prepuberal). No se sienten cómodos con la idea de que ella tal vez haya sido contaminada (según sus palabras) con lo que viene al tener un cuerpo femenino maduro.

Por otro lado, si pasas algo de tiempo buscando la imagen de María en el arte a lo largo de los siglos, tal vez notes que en ciertas ocasiones sus glándulas mamarias parecen bastante erotizadas. Los reformadores también notaron eso y se horrorizaron por lo que vieron como la sexualización de la Virgen en la Edad Media tardía; entonces recogieron todas las representaciones físicas de su cuerpo que pudieron encontrar y las quemaron.

No creo loco decir que María, a la única mujer que se le ha dado un indisputable lugar de prominencia en la historia oficial de la fe cristiana, haya sido acosada. Objetivizada. Recibió atención masculina no deseada. Las autoridades de la iglesia siempre están tratando de mantenerla en su lugar de una forma u otra. Pero, vaya, no lo logran. Ella no retrocede.

No la puedes definir

Las versiones de María son vastas, y nunca funcionó que la versión imperial haya tratado de convertirse en la única verdadera. María es Nuestra Señora de Gracia, Compasión, Luz, Lamentos, Misericordia, Guía, la Hija de Zion, Asiento de Sabiduría, Refugio para Pecadores, Espejo de Justicia, Reina de Paz, Estrella del Mar, Rosa Mística. Ella es la reina del bosque en Santo Daime, una religión cuya práctica se basa en beber ayahuasca, el brebaje psicodélico de la selva. Algunas personas podrían pensar que ella nunca entendió realmente todo el asunto de las etiquetas, porque no la puedes definir. Ciertamente no tiene una simple identidad. Pero, ¿qué clase de persona se convierte en una marca? No existe tal cuestión monolítica, monotónica, monocultural o monótona con ella.

Tanto musulmanes como católicos aman y veneran a María. Se le da más atención que a cualquier otra mujer en el Corán. Se le entrega una Surah entera. En el Corán ella recibe el alma o el pan de Dios a través de un ángel y concibe al profeta Jesús cuando Dios dice: "¡Sé!". Su embarazo y el nacimiento de su hijo son señales de la continua actividad creativa de Dios en el universo. Cuando está en trabajo de parto, Dios la sostiene con dátiles que caen de un árbol y un arroyo que brota en el desierto. Comentarios tardíos compararán su encuentro con el ángel y el milagro del arroyo en el desierto con el encuentro de Agar con Gabriel y su arroyo milagroso: el pozo de Zamzam. Una orden sufí se nombra a sí misma *Maryamiyya Sufí Tariqau* por María, que enfatiza la divinidad femenina. Anse Tamara Gray cree que María tiene todas las cualidades de una profeta islámica, aunque los eruditos debaten esto.

> *María es Nuestra Señora de Gracia, Compasión, Luz, Lamentos, Misericordia, Guía, la Hija de Zion, Asiento de Sabiduría, Refugio para Pecadores, Espejo de Justicia, Reina de Paz, Estrella del Mar, Rosa Mística.*

160

María es un puente

Aunque el abordaje oficial de la iglesia ha sido que María es más la doncella virtuosa y tranquila de Dios que su lado femenino, para cualquiera que busque y anhele —ya sea dentro o fuera del abordaje oficial— efectivamente, ella adopta ese rol femenino. María forma un puente para la fe.

Mi amiga Phyllis, la del pelo puntiagudo y ropa a la moda que creció como católica, recuerda cómo cada año, el primero de mayo, su iglesia organizaba una corona de flores y coronaba a María reina, una práctica casi seguramente originada de las celebraciones a las diosas precristianas.

El Festival de la Asunción de María, la celebración de María siendo llevada corporalmente hacia el cielo al final de su vida terrenal, se celebra en todo el mundo. En algunos lugares lo hacen el 15 de agosto y es claramente la cristianización de un festival pagano de la cosecha. Las hierbas son bendecidas y María está vestida con una túnica cubierta de espigas. Las leyendas cuentan que tanto animales como plantas pierden sus rasgos dañinos, las serpientes venenosas no atacan, y los animales salvajes no agreden a los humanos durante los Días de Nuestra Señora. Se dice que la comida producida durante ese mes es más saludable y nutritiva que la hecha en cualquier otra época del año.

161

En Sicilia, una estatua de María es cubierta de flores y exhibida en un desfile por las calles. Por otro lado, una procesión que lleva una estatua de Jesús va a su encuentro. Cuando se topan, se reverencian tres veces la una con la otra. En Italia, las personas llevan recipientes de agua de rosa con la que se salpican, y tiran monedas desde las ventanas. En Brasil se realizan concursos en canoas decoradas. Hay una bendición de los Alpes en Austria.

María es un puente: la práctica precristiana se fusiona con las festividades aprobadas por la iglesia ¿La iglesia está cooptando a las diosas indígenas locales (Isis, Brigid, Tonantzin, Coatlicue, Diana) o las diosas cruzan tranquilamente el puente?

Phyllis ama la forma en la que María conecta las antiguas diosas al cristianismo. Ella sostiene que María le dice a la gente: "Así es como solían conocerme. Así es como me pueden conocer ahora". Y sigue: "María se para en el espacio intermedio, abriendo la puerta". Es exactamente la razón por la que algunos de mis amigos bautistas no quisieran tener algo que ver con ella. "Tener el don de María", añade Phyllis, "me ayudó a entender de una manera muy profunda el modo en que lo divino es mucho más grande de lo que pensamos".

En todo lugar donde las mujeres estén

Cuando le hablo a un grupo de mujeres que crecieron como católicas, ellas dicen que la imagen de María estaba por todos lados: Jeanne dice que estaba "ubicua en el ambiente de mi niñez; en el pequeño altar del vestidor de mi abuela italiana; en estampitas de oración en el escritorio de mi abuela irlandesa; en una estatua de mi madre que todavía tengo en mi cuarto; y en historias sobre la ´Madre Bendecida´. Ahora que lo pienso", agrega, "la imagen estaba ubicua solo 'entre mujeres': Pearl y Assunta, mis abuelas; Ángela, María Izzo, y Teresa, mis primas en Italia; y mi madre".

Phyllis dijo que había estatuas de María por toda su casa y la casa de su abuela. "Ella siempre estaba por ahí gran parte de nuestras vidas". Cuando tuvo la edad suficiente para comenzar a caminar hacia la escuela parroquial, se detenía en la capilla todos los días. Estaba invariablemente lleno de "viejas monjas y abuelas, todas rezando el rosario; se sentía como el lugar más increíble y seguro en el que podría estar jamás". Amaba ver a su abuela rezar el rosario y "moviendo los dedos sobre las cuentas". Ella fue a una gran iglesia católica en la zona sur de Chicago. "Había un crucifijo detrás del altar. A un lado estaba la estatua de José, y al otro, la de María. Siempre nos sentábamos del lado de María. Nos referíamos a esto como 'estar del lado de María'".

La mamá de Jeanne, Jackie, una irlandesa que antes era católica, expresó otro sentimiento que he escuchado de otras mujeres. Cuando le pregunté sobre su relación con María, ella respondió:

Era tan devota a ella de joven que nombré a mi hija María, en su honor. Esta devoción me dio un confort que necesitaba mucho; llenó el espacio que me había dejado mi madre real, quien no siempre estuvo "disponible". Después de que me casé, ella se volvió la imagen de madre ideal para mí mientras mis hijos nacían. Luego me angustié por la insistencia de la iglesia de que, aunque ella fue el perfecto modelo para una mujer casada, también tenía que ser virgen. Quería gritar "¡Esperen un segundo!". ¿Por qué los Padres tenían que dictar que el ideal de mujer católica debía ser presentado tanto como madre y virgen, un ejemplo imposible de seguir por una madre humana . Creo que lo podría resumir de esta forma: estoy excesivamente agradecida por todo el confort que encontré en su presencia cuidadora mientras crecí — los primeros cuarenta años—, especialmente cuando enfrenté episodios traumáticos. Pasé horas frente a su estatua en la iglesia, haciendo novenas y diciendo el rosario. Pero ahora ella es más bien un recuerdo agridulce, uno que hace enfurecer a la feminista que vive en mí acerca de la insistencia de la iglesia de que ella sea tanto una mujer sensual como virginal. Aunque mi juventud está entrelazada en cientos de rosarios, ya no pertenezco a una religión establecida.

163

Guadalupe

Conocí a Rebekah en House of Mercy. Ella va algunas veces con su madre, Kris, y sus niñas pequeñas, Imix y Xochitl. Su banda, Lady Xok, tocó para el servicio de Pascuas. Su padre, un católico de El Salvador, fue feligrés en la iglesia del arzobispo Oscar Romero. Después de la masacre en el funeral de Romero, voló a México, donde conoció a Kris, una noruega de familia de pastores. Rebekah es una artista cuya práctica incluye arte visual, música, baile y escenificación. Su énfasis está en los métodos de arte Latinx/

CONSIDERA A LAS MUJERES

Indígena. Ella dice que su obra vive en Nepantla o entre el cristianismo y lo indígena. Explora la iconografía, la propaganda, la descolonización y la teología de la liberación. Está desarrollando una serie de trabajos de técnicas mixtas que examinan imágenes de la Virgen de Guadalupe.

Guadalupe es la santa patrona de México. Su santuario es el lugar de peregrinación católica más visitado del mundo. Vale la pena relatar la historia que la rodea. La leyenda dice que en 1531, un indio llamado Juan Diego pasaba junto a una colina que había sido el emplazamiento de un templo antiguo a Tonantzin, una diosa azteca del sustento, la *Abuela Honrada*. Rebekah dice que ella es más o menos la "Madre Tierra". En su intento de cristianizar México, los colonizadores españoles habían destruido su templo. Pero, al pasar por el lugar, Juan Diego se encuentra con una visión de una mujer indígena que dice ser María, la madre de Dios, y le pide a Juan que construya una iglesia para ella. Él protesta y alega que es solo un humilde campesino, pero pronto busca al arzobispo franciscano de la Ciudad de México, quien no cree nada de lo que Juan le dice.

Juan vuelve a ver a la mujer y regresa con el arzobispo. Ella le pide a Juan que siga persiguiendo la idea de la iglesia. El arzobispo continúa sin creerle y exige una señal.

Juan vuelve a la colina para buscar a la mujer. Ella aparece y acepta darle una señal cuando regrese al siguiente día. Pero sucede que, al día siguiente, el tío de Juan Diego se enferma y él necesita cuidarlo, así que trata de tomar otra ruta para evitar a la mujer. Ella lo rastrea y lo reprende gentilmente por no pedirle que ayude a su tío, y luego, en las palabras que se han convertido en la frase más famosa del evento de Guadalupe (inscrita sobre la entrada de la gran basílica en su nombre), dice: "¿No estoy aquí yo, que soy tu Madre?".

Ella le asegura que lo protegerá y que su tío se había recuperado. Luego le pide que reúna flores de la colina para llevarle al oficial de la iglesia. No es temporada de flores y la colina usualmente está desnuda, pero Juan encuentra una proliferación de rosas blancas hermosas y llena su capa con ellas para llevarlas como un signo al arzobispo. Cuando abre su capa ante el hombre poderoso, las flores caen al piso y la imagen de Guadalupe aparece en la capa. La capa original (dicen) todavía cuelga de la Basílica.

¿Guadalupe fue usada por la Iglesia Católica para conquistar la religión indígena? ¿O vino y se las arregló para subvertir la hegemonía masculina? Los franciscanos sospechaban de ella, pero eventualmente fue reconocida de manera oficial. Su popularidad difícilmente se pueda sobreestimar.

Los zapatistas, los sandinistas y las Granja de Trabajadores Unidos estamparon su imagen en sus banderas, estandartes y remeras mientras llevaban a cabo sus luchas por la justicia contra los regímenes opresivos y el abuso corporativo. En las manifestaciones en contra la criminalización de inmigrantes, se puede ver a la Virgen de Guadalupe en las pancartas de los protestantes. Su imagen también es popular en los grupos provida.

Cuando el Museo de Arte de Santa Fe mostró imágenes de Guadalupe creadas por la artista latina Alma López, en las que la representa como una boxeadora fuerte en una bikini cubierta de rosas, envuelta en una capa con la imagen de la antigua diosa azteca Coyolxauhqui, los manifestantes amenazaron con cerrar el museo. Algunos amenazaron de muerte a López. Otros celebraron la obra como liberadora y dadora de vida.

La imagen de Guadalupe, una chica mestiza con sus manos cruzadas, parada en una luna creciente con un rayo de sol que emana de su cuerpo, se ha convertido en una imagen tan pop, dice Rebekah, que se pregunta si todavía puede tener alguna relevancia sagrada. "Ver su imagen es como ver a Mickey Mouse", dice Rebekah. Ha sido tan comercializada, "que es tan solo otra imagen pop". Como una reintérprete de las técnicas del folklore tradicional, Rebekah hace cortes de papel. Ella dice, como cortadora de papel, que está realmente atrapada en los rayos que emanan de la imagen de Guadalupe. "Se sienten como dagas". Guadalupe es un arma. Ella es "un recordatorio de los tiempos terribles, de todo aquello que se perdió". La Iglesia Católica es responsable por la muerte de las personas, arte y cultura indígenas. Es opresión.

———————— ✂ ————————

Los zapatistas, los sandinistas y las Granja de Trabajadores Unidos estamparon su imagen en sus banderas, estandartes y remeras mientras llevaban a cabo sus luchas por la justicia contra los regímenes opresivos y el abuso corporativo. En las manifestaciones en contra la criminalización de inmigrantes, se puede ver a la Virgen de Guadalupe en las pancartas de los protestantes.

166

Pero también es esperanza. Rebekah dice: "Guadalupe es un arma pero también es este efímero ramo de rosas y amor". Algunas de sus primeras obras como artista giraron alrededor de los *milagritos mexicanos*, una tradición artística folclórica. En algunas áreas de América Latina, la gente encarga pequeñas pinturas en latón para agradecerle a un santo patrón por algo bueno que les pasó. Algunos muestran imágenes de cosas horribles como dedos cosidos de personas y cirugías, y algunos son divertidos. Cada pintura incluye una imagen de un santo. Rebekah dice que los milagritos mexicanos pueden incorporar a cualquier santo o a Jesús, pero que casi siempre expresan gratitud a Guadalupe. Como artista, Rebekah estaba interesada en cómo funcionan visualmente los milagros pero también en cómo obraban en la oración.

Rebekah no es católica y es escéptica de Guadalupe, pero dice que "hay cosas concretas que suceden, que son sensoriales, que son específicas de Guadalupe". Dice que es como lo que se representa en los milagros: cuando oras, a veces sientes una presencia flotando, algo que ella me transmitió en una historia sobre una amada abuela:

> Cuando la abuela de mi esposo, Élida González, se estaba muriendo, hubo un momento donde todavía estaba viva, pero en el que dijo que ella ya se sentía lejos y que había perdido su camino. Todos habían estado diciéndole que estaba bien que se dejara ir, pero ella no lo iba a hacer; siempre había sido muy devota de la Virgen de Guadalupe. Alguien en el cuarto le dijo que tuviera esperanza o algo así como "reza a la Virgen, ella te protegerá, ella te mostrara el camino". Y ella respondió, "¿Qué puede hacer la Virgen por mí? Ella no puede hacer nada". Luego, mi tía, que también se llama María, y es muy intuitiva, dijo que sentía una presencia oscura en el cuarto, que parecía una cruz en el techo. Estaba asustada, así que empezó a rezar muy enérgicamente a María para que viniera a salvar a la abuela, protegiera a la familia y la casa, y echara a ese espíritu malo. Ella dijo que oró así: "Tú no te la llevarás". Estaba tan asustada que cerró los ojos pero alcanzó a ver una sombra salir por la ventana del cuarto del segundo piso. Luego el cuarto se llenó con un aroma a rosas tan fuerte que era como estar en una florería, como si cada imagen de Guadalupe en el cuarto (en todos lados, en cada esquina) tuviera rosas reales alrededor de ella. Hubo dos o tres personas que olieron las rosas. No pasó mucho más hasta que Élida dejara de hablar y falleciera.

Por toda Latinoamérica, dice Rebekah, María es la práctica y acción más importante. "Pero en el papel, ella no es la más importante". Luego habla de cómo María tiene muchísimos nombres y diferentes caras. "Hay Marías asiáticas, indígenas, Marías en todo tipo de vestimentas y diferentes adornos… a Jesús no se le permite tener la imagen del hombre común". Él siempre tiene aspecto de europeo con pelo largo y barba. Hay muy pocas otras imágenes de Jesús. "Pero María es una santa para la gente común". Para ella, esto realmente habla de cuán conectadas están las personas a María. Ella dice que la proliferación de Marías es un ejemplo de cómo podemos venir desde diferentes perspectivas y aun así hablar de lo mismo. Es bello desde una perspectiva, pero perturbadora desde otra. La diversidad de imágenes también muestra, según Rebekah, como María fue usada para colonizar al globo.

Bailarines aztecas

La mama de Rebekah, Kris, me invitó a celebrar el Festín de Guadalupe en el local de la Congregación Episcopal Hispánica que se junta en una iglesia luterana.

En el santuario hay una imagen tamaño real de Guadalupe envuelta en luces apoyada contra un árbol de Navidad. Docenas de ramos de rosas blancas y rojas yacen a sus pies. Sé un poco de español, así que pude entender un poco de lo que dijo el sacerdote en su sermón. El clima era festivo, pero siempre dentro de lo que puedes esperar en una iglesia, hasta que vinieron los bailarines aztecas. En adelante, no se pareció en nada a ningún servicio de iglesia al que haya ido. Pasó de ser poco sorpresivo a electrizante. Veinte o treinta bailarinas danzaron por el pasillo con trajes y plumas indígenas, con tambores y pies voladores, alguien que soplaba a través de una concha, hombres con el torso desnudo bailando vigorosamente. Todo el lugar estaba repentina y estruendosamente lleno de vida. Todo el piso temblaba. Hablando de mezclar cosas.

En México, me dice Kris, los bailarines aztecas no están permitidos en la iglesia. Ellos bailan en la plaza frente a la iglesia. Esto llega a la mezcla de la que Rebekah hablaba. La tristeza de lo que se ha perdido, las normas estrictas junto a algo vivo y esperanzador.

Desestimando a la tiranía

María puede parecer un poco mansa, suave e italiana en el Vaticano, ese cónclave de funcionarios compuesto por hombres que refinan la doctrina. Pero mírala como una mujer haitiana que fuma Marlboro. O como una latina musculosa con guantes de boxeo. Ella es una aristócrata europea adinerada con un cuello largo y elegante, envuelta en telas exuberantes. Ella es una campesina robusta con poca cintura. Tal vez porque ella conecta tan enfáticamente la historia cristiana con lo físico es que está representada tan diversamente en forma física. En la Iglesia St. Patrick Guild Supply la verás en una conformidad entumecida, pero busquen imágenes de Google de la *Madonna Negra* (algo que me ayudó a tener esperanza en la resistencia durante esos días largos y calurosos del verano de 2017, cuando los niños blancos amenazaron una vez más la vida de este planeta). Es sorprendente ver cómo María ha aparecido con el tiempo a lo largo del mundo, cambiando de forma en modos que llevan vida, confort o revolución, dependiendo de lo que necesiten las personas. Ella no exige servilismo; se inclina a las necesidades de las personas.

La tiranía es el enemigo de la vida y de la creatividad. María, en muchos de sus disfraces, desestima la tiranía. Ella es la Madonna Negra que subvierte, resiste, y se rebela en contra de la injusticia casi en todos los lugares donde aparece. En Sudamérica ella es la Madre de los Excluidos, la Condenadora de la Esclavitud. En la religión indígena candomblé de Brasil, que combina catolicismo con la religión del oeste de África y Yoruba, está relacionada a la diosa del agua salada y del agua dulce. Los yoruba creen en el gran poder místico de las ancianas como protectoras, sanadoras, guardianas del orden social y distribuidoras justas del poder y la riqueza. Según sus creencias, el Dios creador puso a la mujer a cargo de todas las cosas buenas de la tierra desde el principio.

En Europa se pueden encontrar más de cuatrocientas Madonnas Negras, consideradas como especialmente dotadas con poder sagrado. Las personas hacen peregrinajes para verlas. En Polonia, María es conocida como la Reina de los Trabajadores, como si fuera algún tipo de organizadora de sindicato radical. Lech Walesa guió la lucha contra la opresión Polaca bajo el régimen comunista con la imagen de la *Madonna Negra de Częstochowa* clavada en su solapa. Le dedicó su premio Nobel de la Paz a ella. Lo puedes ver si vas a visitar su santuario.

Apariciones no autorizadas

El número y diversidad de las apariciones de María es abrumador. Por mucho que lo hayan intentado, las autoridades simplemente fallaron en regularla. Apareció en Francia, Irlanda, Ruanda, Egipto y Wisconsin. Se les apareció a tres niños pastores pobres en Fátima, un puerto de Portugal llamado así por la hija de Mahoma, diciéndoles: "No tengan miedo". Fátima fue la hija más amada de Mahoma, la que más se parecía a él en su amabilidad y generosidad. Es venerada en el islam casi tanto como lo es María.

Que maravillosa yuxtaposición de palabras: Nuestra Señora de Fátima. Nuestra Señora (o sea la señora de los cristianos) de Fátima (la que brilla en el islam) en una sola oración. En su santuario, los peregrinos musulmanes rezan junto a los peregrinos cristianos. La mayoría son mujeres.

La verdad es algo que no siempre se expresa bien a través de doctrina. Tal vez lo podamos ver más claramente en los movimientos hacia una relación amorosa: Misericordia amorosa. *Shalom. Salaam.* La madre que ama a todos sus hijos y quiere que sigan hablando entre ellos.

La Señora tiene un modo ser con ese tipo de cosas, creando portales, construyendo puentes, iluminando grietas en la pared en vez de fortificar las barreras.

No es una marca. Es una mediadora: la constructora de

puentes, la que borra las líneas. Aunque nuestras creencias a menudo siguen la visión guía de los padres, las mujeres nos llevan a lugares diferentes: lugares que son extraños y sagrados, y lugares que se meten con la línea entre lo sagrado y lo profano.

María se presentará casi en cualquier lugar: ha sido vista en un sándwich grillado de queso en los suburbios de Chicago, en una pizza en Houston, en un pretzel, en un trozo de leña, en un árbol talado en Nueva Jersey y una valla en Australia. La han visto en *Cheetos*, tortillas, chapatis, té y radiografías dentales.

Tal vez encontremos cuestionables este tipo de apariciones. La mayoría no son aprobadas oficialmente por la Iglesia Católica Romana, pero sería como si ella apareciese para quien sea que la necesite: abuelas, chiflados, niños, los desesperados, locos, hambrientos, groseros. Los ricos y bien educados son enviados con las manos vacías. Los pobres reciben su bendición.

171

Como dice Jaroslov Pelikan: "Lejos de ser impuesta a un laicado reacio por un régimen autoritario, la creencia en las apariciones Marianas ha sido impuesta, a menudo, desde abajo a las autoridades eclesiásticas. Algunas derribando a los poderosos de sus tronos."

La esperanza que traen las madres

María es negra. Es mexicana. A veces, también es un lirio blanco. Usa máscaras zapatistas y la puedes encontrar mansa y deferente en una librería católica. Cuando sea, donde sea, y como sea que sea encontrada, es infaliblemente fiel a su canción. Viene por los pobres, los enfermos y los heridos. Para las madres que perdieron a sus hijos, los cansados y oprimidos.

No puedes decir lo mismo con respecto a cómo se desarrollaron las cosas con el Padre Todopoderoso, que usualmente es usado por los poderosos para mantener su poder ¿Qué puede movilizar una visión contradictoria a las declaraciones totalitarias del poder? Las historias de mujeres —historias que pueden proveer contranarrativas a las dominantes, historias del pueblo al que a menudo se le negó la voz. El segundo Concilio del Vaticano afirmó que "María es un puente ecuménico potencial, una fuente de futura unidad de todos los cristianos". Tal vez ella puede ayudar a guiar el camino hacia una unidad incluso más grande que la de "todos los cristianos" o al menos ayudarnos a encontrar un pequeño sendero a través de las cercas que nos mantienen divididos. Podemos hundirnos en nuestras divisiones endurecidas y permanecer protegidos detrás de nuestros límites, pero Dios nos advierte claramente que amemos a nuestros vecinos. El vecino es alguien que vive fuera de los muros del hogar en donde nos sentimos más cómodos.

172

El amor es notoriamente difícil de definir, pero implica algo muy diferente a la tolerancia, más que una profunda apreciación, una vertiginosa sensación de asombro o un compromiso largo, hermoso y a veces doloroso. Sea lo que sea el amor, no es un mero afirmar que alguien más tiene derecho a existir. Parece un poco loco que Dios nos pida que hagamos esto (AMA A TU VECINO) y que crea que tal vez podamos hacerlo, dada nuestra propensión a no amar y la capacidad humana para ser intolerantes con las personas que creen diferentes cosas y que vienen de diferentes lugares. Hay tantos enemigos estos días (sé que lo siento). Pero supongo que Jesús dice que el amor es el mandamiento más importante porque es *crucial* para el florecimiento humano, la paz en la tierra y la vida del universo (o universos).

Tal vez es mucho pedir de parte de Dios, pero es evidencia de su gracia abrumadora que, cuando frenas y prestas atención a alguien o a algo (y te abres a eso o a esa persona), no pasa mucho antes de que veas algo de belleza. Tal vez la apertura no venga inmediatamente a nosotros o no sea nuestro primer impulso, pero

Dios sabe que somos capaces de esta práctica. Sigue el sendero. Abre la ventana. Observa por donde van las mujeres.

Dios no es una madre o un padre. Dios no es masculino o femenino. Todo lo que tenemos son metáforas inadecuadas (a menudo bellas) para describirlo. Aunque en la Biblia Dios usualmente se presenta como hombre —y aunque está lleno de historias de hombres—, las narrativas de las mujeres son cruciales. Necesitamos prestarles atención a esas historias y aquello a lo que nos abren.

Tal vez, las historias del líder solitario y carismático todavía inspiran. O tal vez es tiempo de repensar esta estrategia mítica. No creo que haya estado funcionando tan bien (y eso que el mito del salvador hombre y blanco ya lleva bastante tiempo funcionando). Pienso que es tiempo de seguir adelante. No solo por el bien de las mujeres (aunque, claro, por ellas también), sino por el bien del mundo: las generaciones venideras: trans, bi, *latinx*, negros, hombres, mujeres y niños.

173

No solo serán las mujeres las que sufran si los hombres blancos siguen en sus lugares de supremacía histórica; sufrirá cualquiera que no sea rico, saludable y hombre blanco. También los pájaros, los árboles, las plantas, los océanos, ríos y arroyos.

Aunque la cara femenina de lo divino a veces es difícil de encontrar en la Biblia, nadie tuvo éxito en deshacerse de ella del todo. Quizás, por más que a algunos grupos les hubiese gustado deshacerse de los senderos que no cabían en su agenda, algunas fuerzas poderosas simplemente no pueden ser empujadas completamente debajo de la alfombra (tal vez "fuerzas poderosas" no es una buena manera de expresarlo). Tal vez las "verdades tan vivificadas con belleza, vulnerabilidad y la complejidad del ser humano con Dios" son las que no se pueden eliminar.

O tal vez el Dios que está redimiendo al mundo en todo momento, a pesar de las agendas con poca visión de los humanos, intervino en ello ¿Qué si Agar, Ester y María estuvieron destinadas desde siempre a estar en la mesa, ayudándonos a encontrar nuestro camino? ¿Anse Tamara, las esposas de Mahoma, Hend, Zamzam, Olivia, Guadalupe, Phyllis, Rebekah y no solo los hombres (Pedro, Pablo, Ambrosio, Agustín, Calvino y Lutero)? Agar, Ester y María nos bendicen con más que sus propias historias: nos dejan entrever a un Dios cuyo amor es abarcador y abraza todo, que no está condicionado por los límites que crean los sistemas humanos. Dios está trabajando para dar a luz a una comunidad amorosa, y todos estamos invitados a participar.

Aunque la cara femenina de lo divino a veces es difícil de encontrar en la Biblia, nadie tuvo éxito en deshacerse de ella del todo.

Agradecimientos

Estoy agradecida por todo lo que aprendí al leer a James Alison, y de sus conferencias en House of Mercy. Fue su uso de la palabra *bullicioso* en relación con Dios lo que me hizo empezar a pensar en este libro. Su obra fue fundacional para las secciones de monoteísmo y María. No podría haber sido capaz de escribir los capítulos de Abraham y Ester sin haberme beneficiado del genial trabajo de Avivah Gottlieb Zornberg. El *Mother of God* de Miri Rubin contribuyó enormemente a los capítulos de María. Estoy agradecida con Becky Dorf, Amina, Ángel Sánchez, Meymun Mohamed, Hend Al-Mansour, Anse Tamara Gray, Wafa Qureshi, Zamzam, Amy Poppinga, el rabino Alan Shavit-Lonstein, Phyllis Solon, Jeanne y Jacqueline DiMeglio, Rebekah Crisanta de Ybarra, Kristen Soltvedt Rinaldi, y el Rev. John Marboe por hablarme o escribirme y permitirme compartir sus historias y sabiduría. Gracias al Rabino Adam Stock Spilker y al Templo de Monte de Zion por el tremendo Estudio Bíblico de Ester. Al Purim estilo *Hamilton* y al Rabino Morris Ellen y a la congregación de Beth Jacob por darme la bienvenida a Purim. Gracias al Rabino Yehiel Poupko y al Rabino Robert Cabelli por compartir sus pensamientos y conocimientos sobre Ester. Gracias a Ana Marsh por su experticia en Biblia hebrea y a la obispo Patricia Lull por su lectura de Ester. Estoy agradecida al Rev. Russell Rathbun por tantas conversaciones sobre la Biblia. Gracias a la comunidad de House of Mercy por darnos tiempo para escribir el libro y escucharme predicarles primero muchas partes del mismo como sermones. Estoy agradecida con Cyndy Rudolph por corregir y a Linda Buturian por una sabia ayuda editorial temprana y tardía. Gracias a Lil Copan por su visión, ánimo y excelente guía editorial.

Mis más profundos agradecimientos a Miles Blue Larson por sus pensamientos y búsqueda sobre masculinidad, a Olivia Blue Larson por ayudarme a pensar a través de muchas cosas y por ser una voluntariosa compañera de aventuras relacionadas con el libro y a Jim Larson por el amor y la lectura.

Las partes del capítulo de Agar y Ester se publicaron por primera vez en *The Christian Century*, y una encarnación del capítulo de Agar apareció en "Spinning", en un *Disquiet Time* editado por Jennifer Grant y Cathleen Falsani.

Notas

Notas de la introducción

"Las historias migraron [...] potencial para el cambio".

Rebecca Solnit, *Hope in the Dark: Untold Hitories, Wild Possibilities*, Chicago: Haymarket Books, 2016. p. 31.

"un compromiso robusto con la esperanza".

Esta y la cita que le sigue provienen de un episodio de *On Being*.

Krista Tippet, *On Being*, "*Falling Together: An Interview with Rebecca Solnit*", transmitida el 26 de mayo de 2016.

"Las intimidades de la Mesopotamia murieron en la tierra del Evangelio".

Esta cita en *Against Jovinianus* (1.15), de Jerónimo, y muchos otros caminos útiles hacia la historia de Agar en un libro editado por Phyllis Trible y Letty M. Russell.

Phyllis Trible y Letty M. Russell, *Hagar, Sarah, and Their Children*, Louisville: Westminster John Knox, 2006, p. 133.

La profesora de la Universidad de Princeton, Keeanga-Yamahtta Taylor, dijo.

Puedes escuchar el discurso completo en https://www.youtube.com/watch?v=6ljTRRVuUjM

"La verdad no se puede concluir [...] podría hacer solo".

Cuando vuelvo a ver a esta cita que me inspiró, me doy cuenta de que Abby está parafraseando a otro autor que parafrasea a Bajtín, el filósofo ruso, pero más allá de haberlo mutilado, no puedo dejar de pensar en ello. Leí la cita por primera vez en un artículo que Abby escribió: "Lector, autor, personaje: una confusión de roles en el libro borgeano de Job" por Abigail Pelham. Su ensayo fue publicado en el siguiente libro: *Borges and the Bible*, Richard Walsh y Jay

Twomey, University of Sheffield: Sheffield Phoenix Press, 2015.

"Si tan solo hubiera [...] placer de encontrar".

Robert C. Gregg, *Shared Stories, Rival Tellings: Early Encounters of Jews, Christians, and Muslims*, New York: Oxford University Press, 2015, xviii.

Notas del Capítulo Uno

"Solo cuando se pierde tu estabilidad... los medios por los cuales se consigue pararse".

Avivah Gottlieb Zornberg, *The Murmuring Deep: Reflections on the Biblical Unconscious*, New York: Shocken Books, 2009, p 162.

"Dios me hace deambular".

Génesis 20:13, New English Translation

"Sal de tu [...] padre".

Génesis 12:1, RSV

"Mira ese viejo tonto y loco... demente".

Mi lectura de la historia de Abraham recae fuertemente en el libro de Zornberg: es a través de ella que aprendí acerca de los midrash. Dependo de sus interpretaciones a lo largo del libro. Lo de arriba no una cita exacta del midrash, pero tiene su esencia.

Avivah Gottlieb Zornberg, *The Beginning of Desire: Reflections on Genesis*, New York: Doubleday, 1995, p. 76.

Zornberg [...] sugiere que es su disposición a vagar [...] lo que lo califica.

Zornberg, *The Beginning of Desire*, pp. 80–89.

... en el "espacio de desperdicio entre las claridades" [...] "habita el asombro radical".

Zornberg, *The Beginning of Desire*, pp. 90–91.

"Te haré extremadamente fructífero".

Génesis 17:6, RSV

"Solo soy un extranjero y un peregrino entre ustedes".

Génesis 23:4, RSV

"Abraham murió viejo y contento, en una edad avanzada".

Génesis 25:8, NAS

Notas del Capítulo Dos

"Pienso que... amados".

Este ensayo de James Alison me hizo empezar a pensar en este libro. Amo la idea de "aspecto bullicioso de Dios cuyo monoteísmo es decididamente anti-higiénico". Recomiendo encarecidamente leer "Living the Magníficat", que puedes encontrar en línea, así como en el siguiente libro de ensayos. La influencia de Alison sobre cómo he llegado a pensar en muchas cosas es enorme.

James Alison, *Broken Hearts and New Creations: Intimations of a Great Reversal*, London: Continuum, 2010, p. 32.

"El Monoteísmo sin contemplación es peligroso".

James Alison, *Undergoing God: Dispatches from the Scene of a Break-in*, New York: Continuum, 2006, p. 17.

... las objeciones de Jeremías.

Jeremías 7:18; 44:17–25

... una madre oso...

Oseas 13:8

… una madre águila…

Deuteronomio 32:11-12

… una mujer que da a luz…

Deuteronomio 32:18, Isaías 42:14

… una madre lactante…

Isaías 49:15, Isaías 66:13, Oseas 11:3–4

… una partera…

Salmo 22:9–10

"su cráneo, los pies […] manos".

2 Reyes 9:35, RSV

Alison sugiere que podría ser de ayuda pensar menos en el número.

Alison, *Undergoing God*, p. 18.

"esencialmente relacional, extático, fecundo, vivo como un amor apasionado".

Catherine LaCugna, *God for Us: The Trinity and the Christian Life*, San Francisco: Harper and Row, 1991, p. 1.

"conjeturas autocomplacientes […] saber o probar".

Karen Armstrong, *A History of God: The 4000-Year Quest of Judaism, Christianity and Islam*, New York: Knopf, 1993, p.143.

"no come el pan de la ociosidad".

Proverbios 31:27, KJV

"se levanta cuando aún es de noche, y da carne a su casa".

Proverbios 31:13, KJV

"no excretó ni heces [...] lágrimas de sus ojos"

Carolyn Walker Bynum, *Holy Feast and Holy Fast: The Religious Significance of Food to Medieval* Women, Berkeley: University of California Press, 1987, p. 211.

Santa Beata Ida de Louvain [...] no quería que nada que pasara por sus labios tuviera un sabor agradable.

Bynum, *Holy Feast and Holy Fast*, p. 119.

Notas del Capítulo Tres

"Tu tarea no es buscar amor [...] dentro de ti que has construido contra él".

Encontré esta cita en un libro de ensayos de una amplia gama de musulmanes mujer. Leer este libro me ayudó mucho a ampliar mi punto de vista.

Maria M. Ebrahimji y Zahra T. Suratwala, *I Speak for Myself: American Women on Being Muslim*, Ashland, OR: White Cloud Press, 2011, p. 162.

"Cualquier buen poema [...] gira en contra de la forma en que se conduce".

Tan pronto como escuché esta cita pensé en la biblia hebrea. Es una descripción tan adecuada de su bondad. La cita es de una entrevista con David Milch, el creador de *Deadwood*, la serie de HBO. La vi en uno de los extras en la versión DVD cuando estaba ejercitándome en la caminadora. La puedes ver aquí: "The Education of Bullock vs Swearengen", https://www.youtube.com/watch?v=_HwS_m2Kh9s.

"El Proyecto de la Otra Pared de La Frontera"

El único requisito para atravesar la pared del órgano de tubos es que pasar por lo menos dos minutos tocando el piano. La pared potable y la pared de la hamaca no están destinadas a excluir sino a restaurar viajeros cansados. Disponible en: https://www.otherborderwallproject.com.

"así como nunca hubo, ni jamás habrá".

Éxodo 11:6 RSV

"El argumento de Pablo sobre Agar en Gálatas".

Gálatas 4:22-31

"un temperamento salvaje e intratable".

Encontré la discusión de Lutero y Calvino en ese libro instructivo que mencioné previamente, editado por Letty Russell y Phyllis Trible.

Phyllis Trible y Letty M. Russell, eds., *Hagar, Sarah, and Their Children,* Louisville: Westminster John Knox Press, 2006, p. 19.

"Durante más de [...] personas negras".

Delores S. Williams, *Sisters in the Wilderness: The Challenge of Womanist God-Talk,* New York: Orbis Books, 1993, p. 2.

"Agar se convierte en la primera [...] estructuras opresivas de poder".

Williams, *Sisters in the Wilderness,* p. 19.

El Dios que ve.

Mientras trabajaba en este libro, publiqué un artículo en "The Christian Century" sobre Agar. Mi ensayo sobre ella también apareció en un libro de reflexiones poco convencionales sobre pasajes de la escritura. Algunas de las palabras en este capítulo aparecieron primero en esos lugares.

Jennifer Grant y Cathleen Falsani, *Disquiet Time: Rants and Reflections on the Good Book by the Skeptical, the Faithful, and a Few Scoundrels,* New York: Jericho Books, 2014, pp. 15–23.

Sara trata "duramente con ella".

Génesis 16:6, RSV

"no debes maltratar u oprimir".

Éxodo 22:21, New Living Translation

"Mira, que estás [...] Ismael".

Génesis 16:11, RSV

"Multiplicaré tanto [...] multitud".

Génesis 16:10, RSV

"un asno salvaje de un hombre".

Génesis 16:12, RSV

"El hijo de esta esclava [...] mi hijo".

Génesis 21:10, RSV

"Levanta al muchacho [...] nación".

Génesis 21:18, RSV

"Toma a tu hijo [...] como un holocausto".

Génesis 22:2, RSV

"La historia empieza a recibir más atención al final del primer milenio a. e. c".

Bruce Feiler, Abraham: *A Journey to the Heart of Three Faiths*, NewYork: Harper Perennial, 2005, p. 108.

"esta voluntad de hacer `el sacrificio definitivo [...] un mundo centrado en lo divino".

Feiler, Abraham, p. 108.

"reprimió su compasión para cumplir Su voluntad con un corazón perfecto".

Estas líneas están incluidas en una oración judía recitada durante el servicio de *Rosh Hashanah*.

Citada en Athalya Brenner, *Genesis*: *A Feminist Companion to the Bible, Sec-*

ond Series, Sheffield: Sheffield Academic Press, 1998, p. 135.

Abraham se casa con Ketura.

Génesis 25:1

Notas del Capítulo Cuatro

"Supongamos en aras del argumento que la maternidad era poderosa".

Encontré esta cita de Laurel Thatcher Ulrich en un capítulo acerca de las imágenes de Dios como un hombre trabajador en un maravilloso y nutritivo libro de Lauren Winner.

Lauren Winner, *Wearing God: Clothing, Laughter, Fire, and Other Overlooked Ways of Meeting God*, New York: Harper One, 2015, p. 149.

"Trascender significa literalmente [...] cruzar, puentear, o hacer conexiones [...] Hemos "atrapado a Dios" con una noción de trascendencia que es una proyección de aquellos que están acostumbrados a estar a cargo".

Karen Bloomquist, "Let God Be God: The Theological Necessity of Depatriarchalizing God," en *Our Naming of God*, Carl Braaten, Minneapolis: Fortress Press, 1989, p. 55.

"si te codeas con muchos musulmanes".

John Enger, "Oradores Antiislamistas urgen a las multitudes rurales de Minnesota a prepararse para un ataque musulmán", Radio Pública de Minnesota, 25 de octubre de 2016.

"Decir islam de manera significativa [...] objetos asociados al islam".

Realmente no leí la obra de Shahab Ahmed, aunque me gustaría. Encontré esta información en la reseña de un libro en la revista *The Nation*.

Elias Muhanna, "Contradiction and Diversity: A Review of *What Is Islam?* by Shahab Ahmed", *The Nation*, 11 de enero de 2016.

Notas del Capítulo Cinco

"El islam, en su corazón, es una religión del disenso. No se basa en una lista inter-minable de qué hacer y qué no hacer, sino que es variopinta y acepta abiertamente la multiplicidad".

Asma T. Uddin, "Conquering Veils: Gender and Islams", en *I Speak for Myself: American Women on Being Muslim*, Maria M. Ebrahimji and Zahra T. Suratwala, Ashland, OR: White Cloud Press, 2011, pp. 40–41.

"El islam es el primer feminismo".

De mi conversación con Anse Tamara Gray.

"dedicada a promover cambio cultural positivo […] la voz femenina en la erudición"

Ver <https://www.rabata.org>.

185

Agar no es nombrada específicamente en el Corán, pero ella está presente como madre de Ismael.

Surah 14:35–41; 2:158

Notas del Capítulo Seis

"La próxima vez que alguien la vea en hijab, ella concluye, 'No me mires compasivamente. No estoy bajo coerción ni soy una mujer que adora a los hombres cautiva de esos bárbaros árabes del desierto. He sido liberada'".

Estas son las palabras de Sultana Yusufali, una estudiante de diecisiete años, citada en:

Katherine Bullock, *Rethinking Muslim Women and the Veil: Challenging Historical and Modern Stereotypes*, London: The International Institute of Islamic Thought, 2002, p. 185.

"La escucha generosa está impulsada por la curiosidad, una virtud que podemos invitar y nutrir en nosotros mismos para darnos a su instinto. Implica una especie

de vulnerabilidad, una disposición a ser sorprendida, para dejar ir las suposiciones y acoger la ambigüedad".

Krista Tippett, *Becoming Wise: An Inquiry into the Mystery and Art of Living*, New York: Penguin, 2016, p. 29.

Muchas jóvenes musulmanas eligen usar hijab como una rebelión en contra del capitalismo consumista, con su objetivización y mercantilización del cuerpo femenino [...] Ven al hijab "como una herramienta empoderadora de la resistencia".

Bullock, *Rethinking Muslim Women and the Veil*, p. 216.

"Mentiras del paraíso a los pies de la madre".

"¿Quién debería ser mi compañía más importante?".

Leí estas historias por primera vez de Imam Samir Saikali en una presentación que hizo en St. Thomas Becket Church, Eagan, MN, pero son ampliamente conocidas y repetidas. En lugar de encontrarlos en el *hadiz* original, puedes encontrarlos aquí:

Deane Morgan, *Essential Islam: A Comprehensive Guide to Belief and Practice*, Santa Barbara: ABC-CLIO, 2010, p. 192.

Notas del Capítulo Siete

"Por lo que concluyó que el enemigo [...] para nuestra propia revolución".

Esta cita es ubicua en internet y la puedes encontrar en mil lugares. Aquí hay uno:

Citado en Ellen T. Crenshaw, "We Are Entitled to Wear Cowboy Boots to Our Own Revolution", https://www.thenib.com. 8 de marzo de 2015.

Juan Calvino y Martin Lutero sobre Ester.

Karen H. Jobes, *The NIV Application Commentary: Esther*, Grand Rapids: Zondervan, 2011, p. 21.

Los rabinos [...] comentaron sobre el libro de Ester más que sobre cualquier otro libro en la Biblia, además de Genesis.

Aprendí este trozo sorpresivo de información, junto con otros pensamientos valiosos sobre Ester, mientras escuchaba una entrevista en Interfaith Voices:

Maureen Fielder con Yoram Hazony, "Queen Esther's Newfound Popularity", *https://www.interfaithradio.org*, 22 de marzo de 2016.

Ester sale de las páginas y de las Escrituras y da sus propios argumentos.

Hayim Nahman Bialik, Yehoshua y Hana Ravnitzky, *The Book of Legends Sefer Ha-aggadah: Legends from the Talmud and Midrash,* William G. Braude, New York: Schocken Books, 1992, p. 447.

Aparece en el Talmud como la última de las siete profetisas.

Avivah Zornberg, *The Murmuring Deep: Reflections on the Biblical Unconscious,* New York: Schocken Books, 2009, p. 121.

Maimónides [...] seguirá celebrándose hasta el infinito.

Zornberg, *Murmuring Deep,* pp. 115–16.

La roca se hunde cuando cree que puede caminar sobre el agua.

Conocí esta lectura humorística de *Pedro la Roca que se Hunde* de John Linton, un profesor de estudios bíblicos en la Extensión de Oregon en Ashland, Oregon. Aprendí mucho más de esto gracias a él. Sin John como profesor, nunca hubiese estado demasiado interesada en estudiar la Biblia. Me gustaría que escribiera libros para recomendártelos.

"El midrash nos invita a leer al texto con [...] disponible para nosotros".

Avivah Gottlieb Zornberg, *The Beginning of Desire: Reflections on Genesis,* New York: Doubleday, 1995, xv.

"...las riquezas de su gloria real y el esplendor y pompa de su majestad".

Ester 1:4, RSV

"Todo lo rico, poderoso [...] ese es Asuero".

"Cuando no hay ninguna mujer [...] ¿Amen?".

Mark Driscoll, "Esther 1:1–9: Jesus Is a Better King", *Mars Hill Church Archive*, 16 de septiembre de 2012.

https://marshill.se/marshill/media/esther/jesus-is-a-better-king.

"...bastante en lo correcto asumir [...] la historia de José".

Citado en Athalya Brenner, *Ruth and Esther: A Feminist Companion to the Bible, Second Series*, Sheffield: Sheffield Academic Press, 1999, p. 242.

"...protesta en contra de la ruptura y el silenciamiento del poder femenino".

Citado en Brenner, *Ruth and Esther*, p. 242.

"La historia une la lucha en contra del poder sexista [...] según Butting".

Citado en Brenner, *Ruth and Esther*, p. 245.

En la edad de Ester.

Gen Rabbah 39:13, Abba Gurion, para 20

Tamara Meir, "Esther: Midrash and Aggadah," *Jewish Women's Archive*, https://www.jwa.org.

"Tú sabes todas las cosas [...] gloria de Dios".

Ester con adiciones 13:12–14, NRSV, *Biblia de Estudio HarperCollins con Libros apócrifos / deuterocanónicos, edición para estudiantes.*

"...destruir, esclavizar [...] doceavo mes".

Ester 3:13, RSV

"...no te mantengas en silencio en un tiempo como este".

Ester 4:14, RSV

"¿Atacará incluso a la reina [...] mi propia casa?".

Ester 7:8, RSV

"Ester es una clase de Jesús [...] salvación de los judíos".

Sam Wells, "For Such a Time as This", *Faith and Leadership Online Journal*, 1 de febrero de 2009.

"Mi Dios, mi Dios ¿por qué me has olvidado?".

Salmo 22:1, RSV

amujeradamente (como Alice Walker la define)

Alice Walker, *In Search of Our Mothers' Gardens: Womanist Prose*, Boston: Mariner Books, 2003, xi.

"...como el ciervo busca por las aguas".

5Salmo 42:1, *The Living Bible*

Incluso el papa citó a Nietzsche.

Aprendí sobre la primera encíclica papal del Papa Benedicto XVI de un ensayo en una edición en línea de una publicación periódica.

D. C. Schindler, "The Redemption of Eros: Philosophical Reflections on Benedict XVI's First Encyclical", *Communio International Catholic Review*, otoño de 2006.

"La Belleza salvará al mundo".

Fyodor Dostoevsky, *The Idiot*, Vintage Classics reprint ed., New York: Random House, 2005, p. 526.

Notas del Capítulo Ocho

"Hay un línea delgada que separa la risa del dolor, la comedia de la tragedia, el humor de las heridas".

Erma Bombeck, *If Life Is a Bowl of Cherries, What Am I Doing in the Pits?*, New York: McGraw Hill, 1998, página uno del capítulo 14.

"Estos días deberían ser recordados [...] entre los Judíos".

Ester 6:28, RSV

La entrevista NPR sobre Purim:

Deena Prichep, "Jewish Synagogues Celebrate Purim Plays", *NPR Weekend Edition*, 11 de marzo de 2017.

"La tragedia proclama la grandeza de la humanidad. La comedia nos dice que la grandeza es una farsa".

Abigail Pelham, "Job as Comedy, Revisited", *Journal for the Study of the Old Testament* 35:1 (2010), p. 110.

190

Notas del Capítulo Nueve

"Enseña a tu lengua a decir 'No lo sé', para no quedar como un mentiroso".
El Talmud, B. Berachoth 4a.

"Nací cuando pude

Amar

todo lo que una vez temí".

Rab'ia al Basr fue un sufi místico y poeta del octavo siglo. Puedes encontrar estas palabras en el poema "Muere Antes de Morir" en el siguiente libro:

Daniel Ladinsky, *Love Poems from God: Twelve Sacred Voices from the East and West*, London: Penguin, 2002, p. 7.

"Estuvo ahí por seis días [...] para que devoraran a Daniel".

Bel y el Dragón (Capitulo 14 de la versión griega de Daniel), vv. 31–32, NRSV.

"En la comida ritual de Séder de Pascua… las preguntas impulsan a las narrativas de la fe a seguir teniendo sentido para las generaciones".

Puedes encontrar expresada esta idea a lo largo de toda la obra de Zornberg. Hay una gran discusión en una de sus entrevistas con Krista Tippet.

Krista Tippett, *On Being*, "The Transformation of Pharoah, Moses, and God: An Interview with Avivah Zornberg", transmitida el 10 de abril de 2014.

"Una prostituta incorregible […] Tenemos la culpa de no matarlos".

Todas las citas de Martin Lutero, "On the Jews and Their Lies", *Obras de Lutero*, trans. Martin H. Bertram, Philadelphia: Fortress, 1971.

"…buscando a Dios en medio de ellos"

Avivah Zornberg, *The Particulars of Rapture: Reflections on Exodus*, New York: Doubleday, 2001, p. 2.

Notas del Capítulo Diez

"María, terreno de todo ser ¡Saludos! Saludos a ti ¡hermosa y amante Madre!".

Esta es una oración de *Hildegard of Bingen*, la abadesa benedictina alemana del siglo XII. Es un ejemplo increíble de cómo, cuando las mujeres han sido capaces de tomar un rol en la formación religiosa, incluyeron a la Madre. Puedes encontrar esta bendición, junto con otras, en el siguiente libro:

Matthew Fox, *Original Blessing: A Primer in Creation Spirituality, Presented in Four Paths, Twenty-Six Themes, and Two Questions*, New York: Torcher/Putnam edition, 2000, p. 221.

"No importa cuán vulgar […] de lo que es aceptable".

James Alison, *Broken Hearts and New Creations: Intimations of a Great Reversal*, London: Continuum, 2010, p. 32.

Los zares rusos y el arzobispo de Canterbury temen al Magníficat.

Escuché estas declaraciones en varios sermones. Un lugar donde los encontré online: https://www.thejournalofaspiritualwonderer.blogspot.com/2015/11/the-birth-of-revolution.html.

Padre James, "The Birth of a Revolution", *The Journal of a Spiritual Wanderer*, 3 de noviembre de 2015.

"Derribó a los poderosos [...] y mandó a los ricos con las manos vacías".

Lucas 2:52–53, RSV

"Aquel a quien el universo entero no podía contener, fue contenido dentro de tu vientre Oh Theotokos".

Ver https://www.aleteia.org/2017/10/11/how-theotokos-became-the-perfect-title-of-the-virgin-mary/

"Ahora el nacimiento de Jesús sucedió de esta manera".

Mateo 1:18, RSV

"Bendito sea el fruto de tu vientre".

Lucas 1:42, RSV

"... significa exactamente lo que dice [...] heroína operística".

Alison, *Broken Hearts and New Creations*, p. 19.

"Ella está viviendo [...] a la propiedad o a las pertenencias".

Alison, *Broken Hearts and New Creations*, p. 27.

"En Isaías la tierra está casada con Dios, que se deleita en ella como un joven que se casa con una virgen".

Isaías 62

"Imaginan enormes cantidades de buen vino".

Amos 9:13–15

"No tienen vino".

Juan 2:3; RSV

"...reverencia Romanista de María".

Edward Jewitt Robinson, *The Mother of Jesus, Not the Papal Mary*, Wesleyan Conference Office, 1875: digitalizado el 29 de agosto de 2006, pp. 153–59.

"Cuando Jesús vió a su madre [...] 'Mira a tu madre'".

Juan 19:26, RSV

En la novela de Colm Toibin.

Una cosa que me gustó de esta historia ficcional de María fue que ella parecía un poco cansada de todos los cónclaves de hombres; ella ansiaba el rostro femenino de Dios tanto como muchas otras lo hacen.

Colm Toibin, *The Testament of Mary*, New York: Scribner, 2012.

"...una mujer vestida con el sol, con la luna debajo de sus pies [...] corona de doce estrellas".

Apocalipsis 12:1, RSV

"... un niño, uno que reinará [...] vara de acero".

Apocalipsis 12:5, RSV

"Pero la tierra viene en ayuda de la mujer".

Apocalipsis 12:6, RSV

Notas del Capítulo Once

"Al vivir aquí, en la Ciudad de Dios, tengo que considerar la gran posibilidad de que, de manera intencional y continua, haga nuevas todas las cosas al mezclarlas deliberadamente".

Sara Miles, *City of God: Faith in the Streets*, New York: Jericho Books, 2014, p. 149.

"Debajo de tu compasión, podemos refugiarnos, Oh Madre de Dios... la única bendita".

Daniel Esparza, "Let Us Pray: The Earliest Known Marian Prayer", https://www.*aleteia.org*, 8 de julio de 2016.

"Es un hecho que provoca reflexión [...] imágenes sobrevivientes o conocidas de Cristo".

Robert C. Gregg, *Shared Stories, Rival Tellings: Early Encounters of Jews, Christians, and Muslims*, New York: Oxford University Press, 2015, p. 492.

"... encantadora [...] danza en los escalones del templo".

La historia temprana de María que tracé en el capítulo once depende fuertemente del maravilloso tratamiento que encontré en este libro:

Miri Rubin, *Mother of God: A History of the Virgin Mary*, New Haven: Yale University Press, 2009, p. 10.

María cuida felizmente a los hijos sin madre más jóvenes de José.

Rubin, *Mother of God*, p. 12.

"Nunca había oído hablar de una mujer que concibiera sin un hombre".

Rubin, *Mother of God*, p. 12.

"El hijo es la copa [...] concepción y dio a luz".

Rubin, *Mother of God*, p. 35.

"Como Eva escuchó [...] a través de su oído".

Rubin, *Mother of God*, p. 37.

"Aquella que da a luz al cielo [...] y refugio para los débiles".

Hazel Butler, "The Cult of Isis and Early Christianity", *Hohonu: A Journal of Academic Writing*, p. 7 (2005).

Una antigua pintura [...] directamente al observador.
    Rubin, *Mother of God*, p. 41.

"María era una virgen santa, con la disposición [...] controlara su ira".
    Rubin, *Mother of God*, pp. 23–24.

"Ella leía la Escritura [...] un vistazo por su ventana".
    Rubin, *Mother of God*, p. 24.
"... se deleitaba en describir el cuerpo sellado y puro de María como una puerta cerrada".
    Rubin, *Mother of God*, p. 27.

En el Corán ella recibe el alma o el pan de Dios a través de un ángel.
    Gregg, *Shared Stories, Rival Tellings*, p. 560.

¿Guadalupe fue usada por la Iglesia Católica para conquistar la religión indígena? ¿O vino y se las arregló para subvertir la hegemonía masculina?
    Sara Miles hace una pregunta similar en su libro *City of God*, en la que pienso desde que lo leí por primera vez, y que influenció mi capítulo de María. Amo como escribe Miles sobre Guadalupe y el mestizaje (la combinación de cultura y religión que sucede en María). He vuelto seguido a su discusión de Guadalupe porque me da mucha esperanza. Recomiendo enfáticamente *City of God* y todo lo que Miles haya escrito.

Sara Miles, *City of God: Faith in the Streets*, New York: Jericho Books, 2014, p. 154.

"... la artista Latina, Alma López [...] amenazaron de muerte a López".

Alicia Gasper de Alba y Alma López, *Our Lady of Controversy: Alma López's Irreverent Apparition*, Austin: University of Texas Press, 2011, p. 3.

...una mujer Haitiana que fuma Marlboro.

Sonti Ramírez, "The Many Faces of the Black Madonna of Częstochowa," *Krakow Post,* 2 de noviembre de 2013.

...una Latina musculosa con guantes de boxeo.

Lopez, *Our Lady of Controversy,* p. 287.

La imagen se llama *Nuestra Dama de la Controversia II*. Es una pintura en acrílico de Alma Lopez, 2008.

En la religión indígena candomblé de Brasil.

Malgorzata Oleskiewicz-Peralba, *The Black Madonna in Latin America and Europe: Tradition and Transformation*, Albuquerque: University of New Mexico Press, 2007, p. 83.

Los yoruba creen en el gran poder místico de las ancianas.

Oleskiewicz-Peralba, *The Black Madonna,* p. 97.

"Lejos de ser impuesta a un laicado [...] abajo a las autoridades eclesiásticas".

Jaroslav Pelikan, *Mary through the Centuries: Her Place in the History of Culture*, New Haven: Yale University Press, 1996, p. 186.

"María es un puente ecuménico potencial, una fuente de futura unidad de todos los cristianos".

Jason Byassee, "What about Mary? Protestants and Marian Devotion", *The Christian Century*, 14 de diciembre de 2004.

Guía del/a lector/a y preguntas para grupos de discusión sobre *Considera a las mujeres: una guía provocativa a tres matriarcas de la Biblia*

Introducción

> … estas historias parecen tener una capacidad inagotable para revelar destellos de Dios, sobre qué es ser humano; cosas que quizás deberíamos mantener ocultas, que están debajo de la superficie de cada día. Estoy agradecida por estas historias que persisten en desconcertarme y nutrirme.

1. Aunque a los lectores religiosos les preocupa que cada vez menos y menos personas estudien la Biblia, las historias bíblicas continúan influenciando de manera profunda y duradera ¿Dónde ves que pase esto (para mejor o para peor)? ¿Notas que la Biblia continúa teniendo una capacidad de revelar verdad en tu vida y en la vida del mundo?

> Uno de los bellos aspectos de tener un canon es que puedes mirar atrás y ver una matriz interminable de interpretaciones desenvolviéndose durante cientos —incluso miles— de años. Las historias son contadas y recontadas, estiradas y excavadas. Son leídas de diferente forma según la época, generando sin cesar nuevos significados y nueva vida para las personas en los tiempos y lugares donde viven.

2. Las historias cambian según quién las cuenta y cómo son contadas. Durante mucho tiempo, a lo largo de la historia, los historiadores de las creencias monoteístas han sido hombres. ¿Has experimentado una historia de manera

diferente dependiendo de quién la cuente? ¿Cuál fue la historia y cómo te afectó?

3. Usualmente escuchamos las historias bíblicas desde la perspectiva de la tradición de fe con la que nos identificamos ¿Cómo lucen las historias cuando son contadas por alguien que mira con otros lentes (desde otra tradición de fe)?

> Si valoras solo lo fuerte, entonces no valoras lo débil. Conozco mucha gente, hombres y mujeres, que le temen a la revelación de su vulnerabilidad más que a casi otra cosa. Esa es una narrativa que necesita ser transformada.

4. Nos pasa seguido que necesitamos proyectar fortaleza para protegernos. Pero, a menudo, este tipo de armadura nos impide acceder a la intimidad y a la honestidad, tanto con nosotros mismos como con otros. Y no siempre fortalece a la comunidad ¿Temes a la revelación de tu vulnerabilidad? Si es así, ¿por qué piensas que es atemorizante? ¿Que podría cambiar en nuestras familias, comunidades y naciones si fuésemos honestos sobre la vulnerabilidad? ¿Podríamos quebrar algunas divisiones? ¿Cómo puede la vulnerabilidad fortalecer las comunidades?

> Estas son algunas mujeres salvajes y provocativas. Y siguen viviendo por fuera de la páginas a lo largo de los siglos, impactando y animando la cultura humana desde la Meca hasta Méjico y todo lugar entre ellos.

5. La mayoría de las veces, las mujeres no han estado al frente de las creencias abrahámicas (usualmente no se les considera las figuras principales) ¿Qué mujeres bíblicas encontraste que te hayan impactado, tanto por dentro como por fuera de las páginas?

Parte Uno: Fe abrahámica

Capítulo Uno
Irte de la casa de tus padres:
mudarse a lugares nuevos y desconocidos

> Abraham era viejo y no se afeitaba, y tenía malos dientes, casi con seguridad. Su esposa era vieja y estéril, y alguna vez pudo haber sido bonita, pero probablemente no era la esposa bonita de un predicador de televisión. Sus hijos no serían descriptos como "felices". En el relato bíblico, Isaac y Abraham nunca hablan sino hasta después de la escena en el Monte Moria. Si las bendiciones de Dios empiezan con la historia de Abraham, resulta ser una historia de bendición muy rara, complicada, enredada. *Bendición* es una palabra aún más rara para usar en lo que Abraham obtiene cuando empieza a tener fe.

199

1. En este capítulo, la autora ofrece una lectura de la saga de Abraham que sugiere que la fe puede ser menos sobre adherir a un sistema particular y más sobre dejar ir lo que piensas que sabes para que vislumbres lo que aún no sabes ¿Cómo resuena —o no— esta afirmación en tu experiencia de la fe? Si eres parte de una comunidad religiosa ¿fomentan esta visión de la fe? ¿De qué manera lo hacen? ¿De qué manera no?

2. En tu experiencia, ¿Cómo hace la fe para involucrar a una gama complicada de "bendiciones"?

3. Los adherentes de las creencias abrahámicas con frecuencia han sido violentos en nombre de Dios. Aun así, también han contribuido a las resoluciones pacíficas y el bien común. ¿Qué tipo de actitudes o modos de ser contribuyen a la paz? ¿Qué tipo de actitudes o modos de ser contribuyen a la violencia?

Capítulo Dos
Monoteísmo alborotador
el rostro femenino de Dios

La Biblia tiene una abundancia viva —un excedente de metáforas rebeldes— cuando trata de hablar de Dios. Dios es único, difícil de describir, imposible de contener. Pero para poder hablar de Dios, para comunicarnos, apuntamos amplia y salvajemente.

1. La autora trata de decir de que la adoración de un Dios —creer en un solo Dios— no quiere decir necesariamente que Dios es monolítico. Hay lugar para el rostro femenino de Dios y para otras metáforas, y tal vez haríamos bien en ampliar las femeninas ¿Estás de acuerdo? ¿Cómo podría cambiar esto tu imagen de Dios? Hay muchas metáforas de Dios en la Biblia. Nombra tantas como puedas. ¿Experimentas a Dios como un león? ¿Un cordero? ¿Como el rocío? ¿Qué metáforas te resultan más significativas?

Las mujeres de la Biblia generalmente no se ajustan a la imagen de la mujer virtuosa que aprendí en la escuela dominical. No parecen ser buenas evangélicas. Ni como las santas cristianas del medioevo: mujeres que, según los hombres que escribieron sobre ellas, no estaban interesadas en la comida, el sexo o ningún tipo de placer.

2. La tradición cristiana ha tenido históricamente roles bastante confinados para las mujeres, y los hombres generalmente eran quienes los definían. Aun así, a pesar de los intentos, las mujeres no fueron confinadas. Piensa en las historias de las mujeres de la Biblia ¿Se ajustan a la definición estrecha de "santidad"? ¿Cómo describirías a la mujer virtuosa? ¿Es diferente a la definición que aprendiste al principio? ¿De qué modo?

… las mujeres en la Biblia son más subversivas que sumisas. Más que encajar perfectamente en las narrativas patriarcales, las disrumpen.

Agar es bendecida de la misma forma que Abraham: dando a luz a todo un pueblo (toda otra fe, como resultó ser). Ester salva a su pueblo no a través de ser pura o virginal, todo lo contrario a Agar. María la madre de Jesús es, en efecto, la madre de Dios. Decir que estas historias son puntiagudas es minimizarlas. Socavan la narrativa patriarcal dominante de manera significativa.

3. Cuando te quitas los lentes del patriarcado, puedes empezar a ver a las mujeres caracterizadas con una nueva luz. Este libro se enfoca en Agar, Ester y María, pero, ¿qué otras mujeres bíblicas no se ajustan al modelo? ¿Qué otras mujeres subvierten el paradigma dominante?

Parte Dos: Agar

201

Capítulo Tres
La historia bíblica
Una matriarca a la par de un patriarca

Necesitamos las noticias de Dios. Necesitamos una historia que nos muestre a Dios actuando en contra de las abrumadoras fuerzas de la injusticia, un Dios que no esté del lado del poder. La historia de Agar es una de esas historias en las que Dios se abre paso donde no lo hay.

1. Muchas historias en la Biblia tratan con la cuestión de cómo el pueblo de Dios interactúa con los poderes establecidos. ¿En qué otras historias puedes pensar en Dios abriendo un camino donde no lo hay y se pone del lado del extranjero o los impotentes?

Las personas usualmente leen las historias como si estuviesen destinadas a crear un sentido de *nosotros* y *ellos*, pero esta lectura pierde el corazón palpitante y misericordioso de la Escritura. La palabra de Dios es una revelación que está dirigida a unirnos entre nosotros y a Dios, no a reforzar líneas enemigas.

2. Aunque la Biblia usualmente ha sido usada para defender un mentalidad del *nosotros* contra un *ellos*, ¿Piensas que es posible leerla de un modo diferente? ¿Cómo podría cambiar el mundo si dejamos a un lado el sistema del chivo expiatorio?

La gran narrativa en Génesis es sobre Israel. Es sobre los herederos de Abraham a través de Isaac, y Dios bendiciendo al pueblo judío. La historia de Agar avanza en una dirección completamente diferente, con el otro hijo de Abraham y la otra mujer.

El nombre de Agar significa *otra, extranjera, extraña.* ¿Quién la dejaría entrar?

3. ¿Qué te sugieren este tipo de disrupciones en la narrativa? ¿Qué sucede cuando una gran narrativa ignora "al otro" o hace "del otro" un enemigo?

Cuando se acaba el agua, Agar lleva a su hijo moribundo debajo de unos arbustos, se sienta y suplica: "Por favor, no me hagas ver cómo muere mi hijo". De nuevo, un primogénito. Esta es la mayor emoción que hemos visto en la Biblia hasta ahora. Agar es la primera persona en la Biblia en llorar. Se acerca emocionalmente al Dios que ve, y Dios la ve a ella. Dios le dice que no tenga miedo: "Levanta al muchacho y sostenlo rápidamente con tu mano; porque haré de él una gran nación".

En la narrativa de Génesis no ves a Dios actuando tan misericordiosa y tiernamente en respuesta a los seres humanos hasta que lo ves con Agar.

4. Dependiendo de la tradición o de la familia de la cual provienes, emocionarse puede ser o no visto como un modo inaceptable de acercarte a Dios ¿Te parece Dios un personaje tierno? ¿Cómo piensas que responde él a la vulnerabilidad? ¿Qué pasa con los poderes terrenales? ¿Cómo responden a la vulnerabilidad?

> Tal vez nos estuvimos enfocando en la historia equivocada. Observa a la madre, porque su historia está aquí, también (la matriarca a la par del patriarca).

5. La autora compara la historia de Abraham e Isaac con la historia de Agar e Ismael. Cuando pones las historias lado a lado, ¿Qué ves? La disposición de sacrificar lo que amas a Dios a menudo ha sido visto como una virtud para las religiones ¿Hay un modo diferente de verlo? Cuando echas un vistazo a cómo se ve la fe a través de los lentes matriarcales, ¿Sigue luciendo igual? ¿De qué modo?

Capítulo Cuatro

La madre del islam:

Buscando a Agar en el Corán, un salón de tatuajes y una galería de arte

> La Kaaba, localizada en la Meca, es el santuario más sagrado del islam. Según la tradición islámica, fue construido por Adán y luego reconstruido más tarde por Abraham e Ismael cuando Abraham fue a visitar a su hijo. Cuando Abraham deja a Agar e Ismael en el desierto, lo hace en el lugar del Kaaba, *La Casa de Dios*.

1. Si vemos que el modo principal de revelación de la Biblia es la historia, ¿qué significa cuando varios grupos toman estas historias y las continúan o las cuentan de otro modo? ¿Acaso el canon de alguna manera nos prohíbe imaginar más allá de sus límites estrictos? ¿Deberíamos ser libres para hacerlo?

> Me preocupaba un poco que si seguía a Agar en su terreno islámi-

co pudiera decepcionarme por todo el patriarcado que encontraría allí. Estoy tan agotada de encontrarlo en mi propia tradición, que no estaba segura de poder tolerarlo en otra. Decidí que una manera de evitarlo era reuniendo historias de mujeres.

2. A lo largo de la historia de la iglesia, sus sacerdotes, pastores, intérpretes bíblicos y teólogos han sido predominantemente hombres. El islam tiene una historia similar. A pesar de la predominancia de los hombres, ¿es posible aprender acerca de la fe a través de los ojos de las mujeres en la iglesia? ¿Quiénes fueron las voces femeninas más importantes en la formación de tu fe? ¿Cómo te moldearon?

> "Decir islam de manera significativa", escribe Shahab Ahmed en su libro *What is Islam?*, "requiere hacernos sensibles a la 'capacidad para generar espacio, a la complejidad y usualmente a la absoluta contradicción' que está dentro del rango más amplio posible de prácticas, creencias, formas de representación, metáforas y objetos asociados al islam".

204

3. Tal como el cristianismo, el islam es complejo, diverso y lleno de gente que puede ser muy diferente en cuestiones políticas, sociales y estéticas. ¿Son evidentes la diversidad y la capacidad para las personas que no se identifican con estas religiones? ¿Cómo están representadas en la cultura popular? ¿Qué sucede cuando algo se ve más uniforme que complejo?

> Su esposa más joven, Aisha, era "brillante y luchadora", según Hend. Vivió durante cuarenta y cuatro años luego de la muerte de Mahoma y fue clave en la recopilación del hadiz, los dichos o narraciones acerca de las palabras y hechos de Mahoma no incluidos en el Corán, pero esenciales para comunicar la ley islámica. Aisha no escribió el hadiz, pero lo transmitió, recopiló y verificó qué dichos eran ciertos. En muchos aspectos, Aisha es la persona más importante en el desarrollo del hadiz. Una mujer.

4. Aunque es posible que hubieran mujeres involucradas en las escrituras santas de las tradiciones judías y cristianas, no tenemos ninguna evidencia. ¿Esto hace que la historia de Aisha como protagonista de la recopilación del hadiz resulte significativa o sorprendente? ¿Por qué?

Capítulo Cinco

Fe y esfuerzo totales

Donde conozco a una académica musulmana feminista

> En el Corán, ambos sexos son creados deliberada e independientemente. No hay mención a Eva siendo creada de la costilla de Adán. Y Adán es el primer pecador al igual que Eva. El Corán establece la igualdad entre hombres y mujeres. Sura 3:195: "No perderé de vista a la labor de quien trabaje en Mi camino, sea hombre o mujer; cada uno de ustedes es igual al otro".

205

1. Muchos cristianos creen en la igualdad del hombre y la mujer; sin embargo, el cristianismo tiene una historia de exclusión de las mujeres de los roles de liderazgo sobre la base de la historia de Adán y Eva (así como la historia de Jesús). Si el texto bíblico fuese más explícito acerca de la igualdad de los sexos ¿Cómo marcaría la diferencia?

> En la tradición islámica, la expulsión de Agar de la casa de Abraham no es un episodio de opresión femenina; es parte del plan de Dios para establecer un santuario en el desierto junto con rituales que los peregrinos seguirán mientras el mundo permanezca.

2. La forma islámica de leer la historia de Agar difiere de lo que encontramos en el judaísmo o el cristianismo. Le da a Agar más poder: ella no es una víctima, sino una heroína. ¿Puede esta perspectiva cambiar los lentes con los que vemos a Agar, independientemente de la tradición a la que adhiramos? ¿El modo islámico de contar las historias, puede influenciar en como otras tradiciones

las leen? ¿O acaso eso está fuera de los límites? ¿Cómo influenciaría tu lectura de Agar?

Si mueres sin haber seguido alguna vez los pasos de Agar, tus hijos pueden hacerlo por ti. Si eres muy pobre, alguien puede hacer el hajj en tu nombre. Si no estás en el hajj porque ya te has ido, todavía celebras lo que los peregrinos están haciendo. Para que cada año estés hablando acerca de Agar, pensando en lo que hizo. Estás recordando su historia.

3. Anse Tamara Gray (la académica feminista musulmana) aprecia el hecho de que todos los Musulmanes, sin importar su género, deban imitar a una mujer si esperan completar los cinco pilares del islam ¿Te parece importante? ¿En qué cambia la vida de una creencia el seguir los pasos de una mujer? ¿Hay mujeres en tu tradición a las que abrazas de esta manera o cuyas historias recuerdas en algunos momentos del año?

El texto señala que estos son todos cabezales islámicos. Una mujer nigeriana usa un pañuelo colorido, con un estampado africano impreso en negrita, atado alrededor de su cabeza. Hace juego con su vestido. Una joven mujer de Kazakstán modela un sombrero muy lindo, como el que unos misioneros le llevaron a mis padres cuando era niña. Nunca pensé en él como un cabezal islámico. Estoy segura de que mis padres tampoco, ya que me dejaban usarlo en la iglesia y en la escuela. Otra imagen muestra a una mujer de Bulgaria con una bufanda atada debajo de la barbilla, con un look de Europa del Este.

Ver estas imágenes después de hablar con una devota musulmana feminista me hizo dar cuenta de cuán poco sé sobre muchas cosas y cuán importante es recordarlo.

4. Independientemente de la tradición de la que provengamos, es probable que tengamos suposiciones sobre otras tradiciones religiosas. ¿Cuáles son algunos

de tus presupuestos?

5. ¿Hay puntos en tu práctica religiosa que los de afuera pueden ver como opresivos, y que tú no los experimentas así, necesariamente? Si es así, te invito a dar algunos ejemplos.

6. ¿Has encontrado imágenes, personas o palabras que cambiaron tu perspectiva o te hicieron dar cuenta repentinamente de cuán poco sabías? ¿Cómo fueron esos encuentros?

Capitulo Seis
Iftar:
Visitando una mezquita con mi hija

> Sé que nada es tan poco complicado, pero concentrarte en la madre puede cambiar el modo en que leemos nuestras historias sagradas y hacer un camino cuando parece que no lo hay.

1. ¿Cuáles son algunas de las complicaciones de enfocarse en la madre?

2. ¿Experimentaste adorar fuera de tu propia tradición? ¿Cómo te resultó la experiencia?

3. ¿Hay alguna diferencia en los lugares donde se reúnen dos o más mujeres y en los que lo hacen dos o más hombres? Si es así, ¿puedes describir la diferencia?

Parte Tres: Ester

Capítulo Siete

La historia bíblica

La heroína judía que reclama Eros

Los personajes de la Biblia pueden revelar una verdad acerca de la condición humana o lo que es ser un humano en relación con Dios. Por momentos son inspiradores, pero ¿son figuras que debemos emular? David durmió con la mujer de otro hombre y luego lo hizo matar. Ezequiel comió un pergamino y se acostó de su lado izquierdo durante trescientos noventa días. Oseas nombró a sus hijos "No amado" y "Mi Pueblo No". Los discípulos traicionaron a Jesús en su hora más crucial. Los personajes de la Biblia son humanos asombrosos y terribles.

1. ¿Concuerdas con la evaluación de la autora acerca de los personajes en la Biblia o hay algunos que ves como modelos a seguir? ¿Cuáles?

Maimónides, filósofo judío sefardí medieval y principal comentarista sobre la Tora, dice que en la era venidera, cuando la luz del Mesías brille sin obstrucciones, cuando los libros de los profetas y otras escrituras sagradas hayan sido suspendidos y cuando cesen de ser leídas en público, el rollo de Ester continuará teniendo vitalidad. Los problemas antiguos ya no serán recordados, pero los días de Purim, el festival de Ester, seguirá celebrándose hasta el infinito.

2. Después de leer el capítulo 7, ¿por qué piensas que Maimónides argumenta que Ester continuará teniendo vitalidad mientras que otras escrituras dejarán de ser relevantes?

La necesitamos en nuestro triunvirato por todas las amantes de lápiz labial que lucen tacones altos y son defensoras de la antivergüenza del sexo, y del sexo como algo positivo; por aquellas que están buscando alivio de sus estructuras patriarcales sobre la sexualidad femenina; por toda mujer que alguna vez ha sido llamada puta. Es sorprendente y refrescante conocer a tal mujer en las páginas de nuestro libro santo.

3. Las personas están divididas sobre Ester: ella es tanto rechazada como abrazada. ¿Cuáles son tus sentimientos por Ester como personaje? Ella utiliza su belleza y sexualidad para convencer al rey de que no mate a su pueblo. ¿Cuál es tu reacción frente a esto?

4. Considera a Ester junto al movimiento *#MeToo* ¿Qué preguntas surgen? ¿Ester tuvo voluntad propia? ¿Actuó libremente?

Después de esos hombres tan importantes viene un libro sobre una mujer quien, sin la ayuda de su padre, hermano o esposo; sin ser pura, santa o virgen se para en el ojo de una tormenta motivada por el ego, ridícula, provocada por el hombre, casi catastrófica, y actúa para salvar a su gente de la destrucción.

5. Los hombres en Ester (desde Mardoqueo hasta Amán) se comportan en modos tanto estúpidos como destructivos, y es una mujer la que evita el desastre. Por supuesto, las mujeres puede estar motivadas por el ego tanto como los hombres ¿Hay ejemplos, en tu propia vida, en la cultura popular o en los eventos actuales donde notaste acciones guiadas por el ego en direcciones destructivas? ¿Cómo crees que el género juega un rol en esto, si es que lo hace?

El Rabino Spilker sigue planteando preguntas y diciendo: "Estas son preguntas. No las estoy contestando".

6. Cuando lees un texto, ¿cómo haces preguntas en la búsqueda de cambiar tu forma de pensar?

7. Trata de leer Génesis 1 o un capítulo de uno de los Evangelios y responde cualquier pregunta que te venga a la mente sin siquiera asumir que existe una respuesta. Pruébalo con un grupo. Tómense quince minutos para hacer preguntas (no se permitan respuestas). ¿El texto se abre de otra manera a partir de este ejercicio?

> Podría ser justamente la ausencia de Dios lo que hace a Ester un libro convincente para nuestros tiempos. Ningún profeta escucha la voz de Dios. Él no tiene instrucciones o direcciones o apariciones. Si está presente, está oculto. El libro de Ester toma lugar después de los mayores eventos en la historia bíblica. Dios no aparece en un pilar de fuego o a la puerta de la tienda de Moisés; no le está entregando tablas o revelando el camino obvio. Esto suena familiar. Podríamos decir que escuchamos la voz de Dios en la Escritura, en nuestro vecino o en el pobre, pero eso es un poco distinto a escuchar una voz del cielo. La fe incluye ambigüedad y misterio.

8. Algunas personas experimentan más ambigüedad que otras en su vida de fe. Muchas personas hablan de sentir la dirección divina mientras que otras nunca lo hacen. ¿Cómo es tu experiencia?

9. ¿De qué formas y circunstancias has experimentado la ausencia de Dios y/o su presencia en tu vida?

> Los cristianos creen en un Dios que se revela a sí mismo, y no en la manera en que se espera de los dioses —todopoderoso y majestuoso, sino más bien de una manera inesperada— como un Dios que vacía su ser de poder por amor, un Dios que tiene un cuerpo y muere en la cruz. En el midrash, Ester reza las palabras del Salmo 22: "Mi Dios, mi Dios ¿por qué me has olvidado?". Esa fue la misma oración que Jesús dijo en la cruz, según los Evangelios. Este

no es un dios guerrero equipado para la batalla o un dios estoico, invulnerable y sin sentimientos.

10. ¿Cómo defines *poder*? Tal vez Cristo no renuncia al concepto de poder, sino que lo vacía de lo que generalmente significa y lo llena con otra cosa. El amor es poderoso. La aflicción es poderosa. Pero de maneras muy diferentes de lo que lo son los ejércitos o presidentes. ¿Qué piensas del poder? ¿Es algo que necesitamos?

Capítulo 8
Purim
El despertar de la farsa

Le digo que soy pastora de una congregación luterana y dice que no conoce mucho acerca del cristianismo, entonces me pregunta qué creencias compartimos. La pregunta me pone nerviosa y pienso: ¿Debería decir "bueno, en realidad, tenemos todo lo suyo y tratamos de adaptarlo a nosotros" o hablo sobre el amor, la gracia y la justicia? ¿O ella me está probando nada más, para ver si me las puedo arreglar? Sobre todo, tengo ganas de disculparme por el supersesionismo, Martín Lutero, Pablo, la Inquisición y el Holocausto.

1. La autora reconoce cuán incómoda se siente al hablar sobre las creencias que comparten el cristianismo y el judaísmo, como si *compartir* no fuese la palabra correcta para describir cómo se relacionan las dos religiones. ¿Qué piensas?

2. ¿Cómo te sientes cuando hablas sobre tu fe con las personas que se identifican con una tradición diferente? ¿Qué crees que es lo que dificulta (o no) estas conversaciones?

Mientras buscaba celebraciones de Purim en internet, vi que había un *after-party* de Purim por Twin Cities en 2013 llamado Circo de Purim, que presentaba malabaristas, zancudos y DJ de Becca Gee "que hacían sonar ritmos increíbles". Este año, la misma organización está dando otra fiesta, y la invitación dice "Sí, sabemos que es una noche en día de semana. Sí, sabemos qué es tarde. ¡Pero, vamos, es Purim! Es nuestra OBLIGACIÓN religiosa festejar hasta el año 5776".

3. La experiencia de la autora en Purim es mayormente de celebración y humor, aunque parte del humor es polémico y, definitivamente, hay un elemento de resistencia al poder. Es evidente que las celebraciones no están enfocadas en el peligro o la tragedia del genocidio ¿Cómo se relacionan *comedia* y *tragedia*?

4. Quizás haya tiempos donde pertenecer a un grupo o no determina cómo se te permite relacionarte con algo. A menudo, las bromas que se hacen dentro de una familia no son bien recibidas cuando provienen de alguien externo ¿Experimentaste esta dinámica? ¿En qué circunstancias?

En medio de acontecimientos ridículos, terribles y sin precedentes, ¿quién sabe? Tal vez estás aquí en un momento como este por una razón.

5. Mardoqueo no le da una directa a Ester. En lugar de eso, plantea una pregunta: "¿Quién sabe?". Y la pregunta sigue siendo poderosa, quizás más apremiante que una directiva. ¿Sabes a ciencia cierta por qué estás aquí o qué deberías hacer? Si no lo sabes fehacientemente, ¿cómo procedes en estas circunstancias?

Capítulo 9

Shoah

Chivo expiatorio

La tradición cristiana a menudo estuvo más orientada hacia las preguntas. No es común oír decir a un cristiano "Jesús es la pregunta". Pero como todo rabino judío, Jesús da más preguntas que respuestas: "¿Quién dicen que soy?" "¿Qué quieren?" "¿Por qué están tan asustados?".

5. ¿Por qué piensas que Jesús hace tantas preguntas? ¿Es importante para ti afirmar que él es la respuesta a tus preguntas o hay otras formas en que podrías verlo?

Aunque la fe cristiana, obviamente, vino de del judaísmo y le debe su vida, el cristianismo tiene un larga y vergonzosa historia de antisemitismo. Puedes ver una combatividad creciente hacia el pueblo judío que no acepta a Jesús como su Mesías casi desde el principio. Si lees el libro de Hechos como cristiano, es una historia de cómo se difundió el Evangelio. Si lo lees como judío, bueno, para el capítulo 3, Pedro está acusando a los hombres de Israel de asesinar al autor de la vida.

213

2. Lee Hechos 3:11-26. ¿Ves a Pedro delinear un *nosotros* y un *ellos*? ¿O solo está proclamando lo que considera "buenas nuevas"? ¿Cómo ves la relación entre judaísmo y cristianismo?

Realmente parece una especie de criticismo barato, como reírse de la ropa de otras personas ¿Qué hay de malo en las filacterias? Tomas una cajita de cuero y enrollas un pergamino con las palabras de la Escritura: "Amarás al Señor tu Dios con todo tu corazón y toda tu alma y toda tu mente", y pones la pieza de pergamino en la caja, y lo amarras a tu mano o a tu cabeza para recordarte que estas palabras estarán en tu corazón y serán como frontales entre los ojos y una señal en tu mano. Quiero decir, sí, puede parecer raro usar una pequeña caja en tu frente o en tu mano, pero ¿qué pasa si, en vez de eso, son teléfonos inteligentes los que sujetamos a nuestras manos y cabezas para recordarnos de las fuerzas que nos guían?

3. Jesús cuestiona ciertas tradiciones religiosas. Él está en sintonía con la hipocresía, pero ¿eso quiere decir que sus seguidores deberían abandonar prácticas significativas? ¿Cómo navegas el territorio entre la hipocresía y los rituales significativos?

4. Tal vez la cultura del siglo XXI podría beneficiarse de algunas leyes de *Sabbat* para prestar más atención a parar, tomarse una pausa, y dejar de ejercerle fuerza al mundo. ¿Qué piensas?

5. Los rituales pueden ayudarnos a prestar atención a lo que es crucial en la vida. También pueden convertirse en algo costoso o sin sentido ¿Tienes rituales que te hayan dado vida? ¿Y algunos que se sintieron como que te la estaban quitando? ¿Cuáles son?

> Tienes que pensar en cómo las historias de Agar —la extranjera a la que se le da la bendición de Dios— y las historias que quiebran las líneas entre nosotros y ellos —todo el tenor del libro que atestigua al Dios viviente que quiere atraer a todas las personas a su seno— nos pueden ayudar a amarnos unos a otros.

6. Para ti, ¿tiene sentido la interpretación bíblica como una forma de buscar a Dios? No es lo mismo que buscar respuestas en el texto. ¿Cómo podría ser diferente el proceso?

7. ¿Cuáles son las ventajas y desventajas de aproximarnos al texto creyendo que es posible encontrar una única respuesta y hacerlo asumiendo que existen múltiples lecturas?

> Estoy bastante segura de que si hay buenas noticias en el texto, son que quien quiera que se exalte será humillado y quien quiera que se humille será exaltado. Tal vez esa sea una bella promesa (aunque no sean magdalenas y helados).

8. ¿Qué lleva al pueblo a exaltarse a sí mismo a expensas de otros? ¿Miedo? ¿Arrogancia? ¿Están relacionadas estas dos cosas?

9. ¿Cuál sería la belleza de estos tipos de reversiones (donde los humildes son exaltados y los exaltados humillados)? ¿Que podría volverlas dolorosas? ¿Has experimentado la humillación o la exaltación de una manera liberadora o difícil?

Parte Cuatro

Capítulo Diez
La historia bíblica:
La subversiva Madre de Dios 215

> Pero por mucho que la iglesia bautista se las haya arreglado para disminuir su rol, no hay forma de evitar este hecho hermoso y sorprendente: en medio de todas las páginas del patriarcado, el evangelio de Jesucristo empieza con la Querida Madre, una mujer que da a luz a Dios.

1. ¿La autora está abusando de las menciones de la presencia de María en el evangelio o te parecen significativas?

> María no acuerda inmediatamente con esto. "Aquel a quien el universo entero no podía contener" será contenido en su vientre (como un himno antiguo lo expresa). Naturalmente, ella pregunta: "¿Cómo puede ser esto?". Ciertamente, María no podía entender cómo funcionaba (¿quién podría?), pero ella acuerda ser parte. *Mansa* no sería una palabra que escogería para ella. "Salve María, llena de gracia", dicen los ángeles. *Llena de gracia*, el atributo más

impresionante de Dios. Ella se llama como Miriam, que colidera el Éxodo y cuyo nombre significa *rebelde*.

¿Una adolescente indefensa superada involuntariamente por el Espíritu de Dios? No lo pondría de esa forma ¿Una subversiva que de alguna manera se abre camino al Vaticano y a las repisas de los hogares fundamentalistas con sus pesebres navideños en Texas y Tennessee? Tal vez es más como eso.

2. ¿Has experimentado a María como una mujer poderosa o como una pobre chica? ¿Cómo la han representado las comunidades de las que has sido o eres parte?

Dios se vuelve físico, encarnado, provisto de carne en María. Nadie puede negarlo, es una historia escandalosa, con toda su especificidad escandalosa. Dios viene al mundo como todos los mamíferos, como un grupo de células unidas a la pared uterina alimentadas por la placenta, un niño que mamará la leche de los senos de María. Es Dios mezclado en las moléculas de la vida. María tiene un modo de mantener las cosas a tierra.

3. Hasta ahora, la experiencia humana es en cuerpos. ¿Piensas que es posible que la vida humana pueda existir de otra forma? La realidad virtual, inteligencia artificial y otros desarrollos tecnológicos que lucen diferente al gnosticismo antiguo, pero ¿hay algo que estamos captando en nuestros avances tecnológicos que es similar?

4. ¿Te parece escandalosa la encarnación? ¿De qué formas? ¿Por qué podría ser importante mantener una fe basada en esta creencia? ¿Cuáles son las implicaciones de esta práctica?

En la primera ojeada que tenemos de la madre de Jesús en el Evangelio de Juan, las primeras palabras que pronuncia son "no tienen

216

vino". Es casi como un lamento. La única vez que la volvemos a encontrar en este libro es a los pies de la cruz en la que muere su hijo. Es como si apareciese en los momentos arquetípicos de la ansiedad humana: la muerte y el momento en que se acaba el vino.

5. Lucas le dedica mucho más tiempo a María que los demás Evangelios. ¿Qué podría haber estado en juego en las decisiones los autores para minimizarla o darle prominencia? ¿Encuentras significativas las apariciones de María en el Evangelio de Juan? ¿Por qué sí o por qué no?

La cruz es la historia de cómo Jesús participa en el sufrimiento humano, revela que Dios está presente en nuestro dolor y sufrimiento, pero no estoy segura de que siempre seamos capaces de sentir como sufrió Jesús. Tal vez no podamos relacionarnos del todo con el sufrimiento de Jesús porque él es Dios encarnado; murió para salvar al mundo (así se nos dice); él es un mártir en una cruz, no es como nosotros. Pero el sufrimiento de María es visceral para nosotros. Ella ve a su hijo morir.

217

6. A lo largo del tiempo, muchos cristianos han visto a María y le han orado como aquella que entiende el sufrimiento y cuida a los más débiles. ¿Te sentiste conectado con María de este modo? ¿Por qué si o por qué no?

7. En su discurso de Año Nuevo de 2018, el Papa Francisco dijo que "La devoción a María no es una etiqueta espiritual; es un requerimiento de la vida cristiana. El regalo de de la Madre es el más preciado para la iglesia. Si nuestra fe no está para ser reducida a una mera idea o doctrina, todos nosotros necesitamos un corazón de madre, uno que sepa cómo mantener el tierno amor de Dios y sentir su latidos alrededor nuestro". ¿Qué opinan de la declaración del papa?

Necesitamos mucha ayuda en este planeta quebrantado. Creo en la gracia de Dios. Pero cuando mueren niños y los adolescentes son baleados por la policía, y todo el Caribe está siendo devastado por daños de huracanes sin precedentes, y las personas que siempre son golpeadas duramente son golpeadas más fuerte, y un amigo pierde a su hijo de veintidós años, no sé cómo se supone que los agraviados deben armarse del esfuerzo de Agar o de los encantos de Ester. Necesitamos sus historias para que nos den esperanzas y fortaleza e ideas para la resistencia, pero en ciertos momentos estamos tan tristes, enfermos, y cansados que necesitamos ser capaces de acostarnos y encontrar descanso en los brazos de una madre que sabe sufrir, que conoce tan bien el dolor [...], la mujer vestida de sol...

8. Podemos anhelar un dios que nos mantiene a salvo de sufrir, y aun así las personas sufren de violencia, desplazamiento, hambre, racismo, enfermedad, pobreza (la lista es larga). El cambio climático resultará en inundaciones y desastres naturales que afectarán desproporcionadamente a los que ya están empobrecidos. ¿Qué significa la fe en estos tiempos y situaciones? ¿Crees que Dios está con nosotros? ¿En qué sentido está Dios con nosotros?

Capítulo Once
La reina que cambia de forma:
diosas, Guadalupe, y abuelas

Circulaban muchas historias sobre Jesús (su nacimiento, vida y muerte). Y había muchas historias sobre su madre. Las historias que eventualmente la comunidad consideraba confiables o importantes eran canonizadas. Pero la mayoría de las historias de María permanecen fuera de las narrativas oficiales, precanónicas, poscanónicas, y en la escritura apócrifa del siglo entero: Fátima en Medjugorje, Lourdes en Polonia, y Ruanda en Egipto y China. Las autoridades nunca la regularon exitosamente. Las personas nunca dejaron de hablar de ella, de tener visiones ni de ser curados y confortados por ella.

1. Las historias compartidas de un canon son importantes, pero esto no quiere

decir que no haya valor en las narrativas no oficiales que se mueven por fuera de los límites establecidos. ¿Cuáles son los méritos de lo canónico y lo no canónico?

Las versiones de María son vastas, y nunca funcionó que la versión imperial haya tratado de convertirse en la única verdadera. María es Nuestra Señora de Gracia, Compasión, Luz, Lamentos, Misericordia, Guía, la Hija de Zion, Asiento de Sabiduría, Refugio para Pecadores, Espejo de Justicia, Reina de Paz, Estrella del Mar, Rosa Mística.

2. Obviamente, los miembros de la Trinidad también son conocidos por muchos nombres ¿Por qué la proliferación de nombres e imágenes?

En Sicilia, una estatua de María es cubierta de flores y exhibida en un desfile por las calles. Por otro lado, una procesión que lleva una estatua de Jesús va a su encuentro. Cuando se topan, se reverencian tres veces la una con la otra. En Italia, las personas llevan recipientes de agua de rosa con la que se salpican, y tiran monedas desde las ventanas. En Brasil se realizan concursos en canoas decoradas. Hay una bendición de los Alpes en Austria.

María es un puente: la práctica precristiana se fusiona con las festividades aprobadas por la iglesia ¿La iglesia está cooptando a las diosas indígenas locales (Isis, Brigid, Tonantzin, Coatlicue, Diana) o las diosas cruzan tranquilamente el puente?

219

3. Para muchos cristianos a lo largo de la historia, "la diosa" ha sido considerada pagana o peligrosa; o una palabra tonta. A lo largo de este libro hemos visto algunas razones por las cuales el monoteísmo puede haber evitado a la diosa ¿Piensas que hay lugar o una necesidad de ella en el monoteísmo abrahámico? ¿Qué piensas acerca de mezclar creencias indígenas con creencias ortodoxas?

Los zapatistas, los sandinistas y las Granja de Trabajadores Unidos estamparon su imagen en sus banderas, estandartes y remeras mientras llevaban a cabo sus luchas por la justicia contra los regímenes opresivos y el abuso corporativo. En las manifestaciones en contra de la criminalización de inmigrantes, se puede ver a la Virgen de Guadalupe en las pancartas de los protestantes. Su imagen también es popular en los grupos provida.

4. Jesús también representa a los oprimidos, pero probablemente no verías su imagen en los *banners* de los protestantes que resisten el poder corporativo. ¿Qué hace a Guadalupe un símbolo de resistencia?

220

María puede parecer un poco mansa, suave e italiana en el Vaticano, ese cónclave de funcionarios compuesto por hombres que refinan la doctrina. Pero mírala como una mujer haitiana que fuma Marlboro. O como una latina musculosa con guantes de boxeo. Ella es una aristócrata europea adinerada con un cuello largo y elegante, envuelta en telas exuberantes. Ella es una campesina robusta con poca cintura. Tal vez porque ella conecta tan enfáticamente la historia cristiana con lo físico es que está representada tan diversamente en forma física. En la Iglesia St. Patrick Guild Supply la verás en una conformidad entumecida, pero busquen imágenes de Google de la *Madonna Negra* (algo que me ayudó a tener esperanza en la resistencia durante esos días largos y calurosos del verano de 2017, cuando los niños blancos amenazaron una vez más la vida de este planeta). Es sorprendente ver cómo María ha aparecido con el tiempo a lo largo del mundo, cambiando de forma en modos que llevan vida, confort o revolución...

5. Rebekah, la artista del capítulo 11, sugiere que las imágenes de Jesús no son tan diversas como las imágenes de María. En tu experiencia, ¿esto es verdad? ¿Por qué? Obviamente, no sabemos cómo lucía Jesús, pero ¿cómo lo representarías? ¿Y a María?

María es negra. Es mexicana. A veces, también es un lirio blanco. Usa máscaras zapatistas y la puedes encontrar mansa y deferente en una librería católica. Cuando sea, donde sea, y como sea que sea encontrada, es infaliblemente fiel a su canción. Viene por los pobres, los enfermos y los heridos. Para las madres que perdieron a sus hijos, los cansados y oprimidos.

6. Tal vez eres saludable y rico, y tus hijos (si los tienes) están bien y son felices. ¿Te habla María? ¿Cómo?

Aunque la cara femenina de lo divino a veces es difícil de encontrar en la Biblia, nadie tuvo éxito en deshacerse de ella del todo. Quizás, por más que a algunos grupos les hubiese gustado deshacerse de los senderos que no cabían en su agenda, algunas fuerzas poderosas simplemente no pueden ser empujadas completamente debajo de la alfombra (tal vez "fuerzas poderosas" no es una buena manera de expresarlo). Tal vez las "verdades tan vivificadas con belleza, vulnerabilidad y la complejidad del ser humano con Dios" son las que no se pueden eliminar.

7. La autora ha tratado de argumentar sobre la importancia del rostro femenino de lo divino. Ella sugirió que, enfocándonos en las mujeres de la Escritura, se puede crear un lente diferente que puede cambiar nuestros supuestos (incluso quizá algo de nuestra violencia) o nuestras creencias. ¿Qué piensas?